新时期高水平本科教育
理念与实践探索

Going for the Excellence of High-quality
Undergraduate Education in A New Era

李曼丽　吴凡　苏芃　詹逸思　著

社会科学文献出版社
SOCIAL SCIENCES ACADEMIC PRESS (CHINA)

前　言

　　1998 年，我国教育部召开第一次全国普通高等学校教学工作会议，这次会议专门研究部署了本科教育的相关工作。美国近年来最有影响力的本科教育报告——《重塑本科教育：美国研究型大学发展蓝图》，也是在 1998 年发布的。然而，在这之后，中、美两国对本科教育质量的关注以及对于本科教育研究的密度却大不相同。

　　世界高等教育和一流学府普遍重视本科教育，呼吁大学关注和重视本科人才培养。麻省理工学院在 1949 年第一次对学校的教育情况进行全面评估，并在多年调查后发布《刘易斯报告》，提出大学的首要使命是本科教育。在 1998 年和 2001 年，美国相继发布了《重塑本科教育：美国研究型大学蓝图》《重塑本科教育：博耶报告三年回顾》。2006 年，哈佛大学哈佛学院院长哈瑞·刘易斯在《失去灵魂的卓越》一书中指出，"没有一流本科的一流大学是失去了灵魂的卓越"。2014 年，麻省理工学院发布《麻省理工学院教育的未来》，提出为了创造未来发展的根基，需要通过"大胆实验"推动教育理念和行动的改革与创新。2016 年，麻省理工学院又发布《高等教育改革的催化剂》，指出高等教育到达了一个转折点，必须打造以学生为中心的教育，要让学生学会反思、讨论（与同伴和专家）、学科思维、自学和掌握学习（吴岩，2017）。英国也于 2016 年发布了《高等教育与研究白皮书》，旨在推动英国高等教育研究和创新体系的调整，提倡充分认识教学与研究的内在联系并平衡好二者的关系。这些关于世界高等教育的相关报告和书籍，不仅促使世界一流大学长期保持对本科教育的投入和思考，所引发的本科教育教学改革实践也产生了深远影响。

2018年6月，新时代全国高等学校本科教育工作会议在成都召开。从"本科教学"到"本科教育"，一字之差，反映出人们观念的变化，表明学术界开始对本科教育的使命认识、内涵拓展、地位提升进行深入研究。究竟本科教育的内涵是什么，本科教育之于该场域中人的意义、逻辑起点和核心旨归是什么，从方法论层面如何对本科教育惯常表征进行静态描述，对于这些问题的探究都有助于我们形成对本科教育内涵和价值的理性认知。

2018年9月，全国教育大会在北京召开。会上习近平总书记强调，在党的坚强领导下，全面贯彻党的教育方针，坚持马克思主义指导地位，坚持中国特色社会主义教育发展道路，坚持社会主义办学方向，立足基本国情，遵循教育规律，坚持改革创新，以凝聚人心、完善人格、开发人力、培育人才、造福人民为工作目标，培养德智体美劳全面发展的社会主义建设者和接班人，加快推进教育现代化、建设教育强国、办好人民满意的教育。

两次会议的相继召开，将本科教育的地位提升到了新的战略高度，为本科教育的发展创造了良好的政策环境，然而本科教育依然面临着诸多亟待解决的现实难题。

《本科教育研究嬗变：热点之析与方向之思——基于CNKI 1998—2020年间核心期刊论文的文献计量分析》（樊成，2021）显示，1998～2020年，CNKI所收录的该主题的研究文献总体呈现典型的"N"曲线特征。具体来说，大致可以分为三个阶段。（1）稳步上升期（1998～2009）：从1998年起，CNKI收录的相关研究文献逐步增长，然而增长速度缓慢，直到2003年发文量才突破50篇。之后年发文量增长迅速，在2006年实现破"百"，到2009年达到峰值。（2）摇摆波动期（2010～2017）：在此期间虽然发文量整体高于以前，但2012年之前发文量在相邻年度间大幅波动，2012～2015年发文量经历短暂增长后又快速下降，并于

2017 年达到此间低点。（3）总体上升期（2018~2020）：从 2018 年起，发文量逐步回升，并于 2019 年创造了仅次于 2009 年的第二个发文量峰值，2020 年依然保持了较高的发文态势。然而，必须指出，这一整体向好的发展态势，即使是 2009 年的 190 篇峰值，与教育研究中每年数以万计的发文量相比，整体仍然偏少。

进一步说，近几年由于应用型本科教育自身的特殊性以及转型发展过程中面临的诸多问题，其更容易吸引本领域理论实践工作者的关注，形成相对集中的研究主题，而其他类型高校中的本科教育问题并未在研究中产生明显的集聚效应。同时，该领域的研究也打破了高被引文献需要时间积淀的常规，短时间内围绕政策本身的讨论和对政策导向的阐发性研究跻身高被引文献行列，说明新时期本科教育改革在学术界产生了强烈反响。特别是现有研究放大了新建本科、应用型本科等普通高校的人才培养职能，将上述高校的本科教育视为主要的研究对象，而忽视了对包括研究型大学在内的综合性大学的本科教育研究。

2019 年 10 月，教育部发布了《关于加强新时代教育科学研究工作的意见》。该意见指出，"教育科学研究是教育事业的重要组成部分，对教育改革发展具有重要的支撑、驱动和引领作用"。自 1998 年以来，"本科教育"正逐渐成为被普遍使用的概念表述，然而实际上长期以来我国学术界都将"本科教育"与"本科教学"、"本科教育教学"等概念混用，形成了大量相关但不一致的研究表述，这给本科教育研究带来了困难。学界缺乏对本科教育的持续性关注，研究受政策驱动较多，研究自觉有待加强。

尤为重要的是，随着我国高等教育进入新的历史阶段，建设高水平本科教育以促进拔尖创新人才培养，已成为服务国家重大战略实施的迫切诉求，也是我国高校的责任和重担。新时期背景下，世界高等教育中本科教育的发展趋势如何？世界一流大学的本科教育对拔尖创新人才的培养，有哪些改革举措？我国高校的本科教育近年来针对数理基础学科和工程学科等领域的人才培养，有哪些创新探索，有何成效？囿于时间和精力，本书作者难以关注高水平应用型本科教育建设的相关问题，因此仅围绕研究型大学高水平本科教育问题展开如下分析与探讨，由此形成以下七个章节内容。

第一章，新时期我国高水平本科教育发展的背景、问题与挑战。在新时期高等教育战略背景下，建设高水平本科教育引发社会广泛关注，培养拔尖创新人才面临前所未有的挑战。10余年前，有识之士便指出我国的本科教育体系较难满足拔尖创新人才的培养需求。从世界高等教育的发展历程与趋势来看，世界一流大学在20余年前呼吁重塑本科教育，强调进行拔尖创新人才培养的改革实践。在此背景下，我国教育部亦将"建设一流本科教育"写入"双一流"建设方案中，将本科教育提至重要战略地位，尤其是近几年，教育部再次重申"本科教育是大学的根和本"。那么"以本为本"的内涵是什么？我国高校本科教育又是如何进行人才培养、教育教学改革，以此体现新时期本科教育的重要战略地位的？这一系列问题需要从理论上予以解释。

第二章，我国数理基础学科本科拔尖创新人才培养的探索。为增强我国在数理基础学科领域拔尖创新人才的培养，我国尝试探索了一系列改革措施。2009年，我国推出"基础学科拔尖学生培养试验计划"，即"拔尖计划1.0"，力图在本科教育阶段突破原有培养模式，培育基础科学领域的领军人物，探索新型本科人才培养的要素、框架及结构。本章对20所参与"拔尖计划1.0"高校的本科人才培养过程、培养成效进行了回溯性研究，并总结了"拔尖计划1.0"的特点：建立合理遴选机制和动态进出机制以选拔有创新潜质的学生；开设多层次科研实践训练以激发学生创新能力；本科阶段的学生可以表现出良好的学术潜质，在学术产出方面崭露头角，等等。我国高校在新时期建设高水平本科教育方面既要"固本"，又要"创新"，而这些宝贵的探索及其经验具有不可替代的参考价值。

第三章，我国工科本科拔尖创新人才培养的探索。在人工智能、大数据等新技术不断涌现的背景下，新技术与产业的不断融合对产业界参与工科人才培养的深度和广度，以及通识教育在工科本科教育中的融合程度提出了更高要求。本章对我国高校工科本科教育如何应对科技和产业革命挑战、服务国家重大发展战略所做出的改革探索，包括以通专融合教育作为工科拔尖创新人才培养之基、以"卓越计划"助力提高工科人才培养质量、以 STEM 教育贯通工程本科与大学前教育、新工科等具体实践进行了回顾。

第四章，世界一流大学本科拔尖创新人才培养的思考与实践。培养一流本科生是世界一流大学人才培养的不懈追求。如何努力抓住机遇，培养符合新时期发展需求的拔尖创新人才，以满足新一轮科技革命、产业变革的要求，是中国高等学校本科教育面临的重要挑战。本章以机械工程、土木工程、化学工程三个传统工科本科专业为例，选取麻省理工学院、斯坦福大学、加州大学伯克利分校、帝国理工大学、代尔夫特理工大学等欧美一流大学，对其相关专业人才培养方案进行深入分析。

第五章，A 大学"拔尖计划"资优本科生培养案例分析。本章以 A 大学"拔尖计划"试点班为例，探索分析 A 大学在培养拔尖创新人才方面的探索过程。改革之初，A 大学在相关调研的基础上分析发现，原有的本科培养计划于学生而言，存在课业压力较大、学生自主发展空间不足的问题。A 大学"拔尖计划"，这一具有改革示范性质的拔尖创新人才培养项目的特点是：融入通识课程，培养学生的家国情怀；创建通识学习环境，为学生提供富有特色的通识教育培养环节；基于专业特色不断为学生营造自由发展空间与自由探索环境；不断优化培养方案、提升教育教学质量。

第六章，本科博雅实验区拔尖创新人才培养案例分析。本章重点关注 B 大学 X 书院拔尖创新人才培养的探索与实践。X 书院是 B 大学在校内文化素质教育改革的基础上，为培养拔尖创新的文理通识人才而设立。本章介绍了 X 书院两个跨学科交叉专业的人才培养方案，并从学生的"适应性"视角对培养方案进行了分析。B 大学 X 书院富于本土化的探索实践表明：以"博雅教育"为目标的本科教育，其特色在于为学生营造自由发展空间与自由探索环境，且在衔接本科教育与高中教育等方面做出了富有特色的探索；更为关键的是，X书院探索了从整体上通过"通识性教学"帮助学生达致"通识性学习"，以促进学生发展"通识思维"，帮助学生对自己未来学业和志业进行全面而深入的思考。

第七章，展望未来：建设新时期高水平本科教育的框架性建议。对于拔尖创新人才培养中的突出问题，我国本科教育未来究竟朝哪个方向进行教育教学改革？本章基于前几章节内容，包括世界一流大学的本科教育经验以及近年来我国本科教育丰富的教育实践经验，对我国未来建设高水平本科教育、促进拔尖创新人才培养提出若干理念性建议。

本书由我本人负责整体构思、结构设计，并组织课题组成员进行基础文献调研、多轮实地调查研究，参与多轮专家研讨会，进行多场域观察，历时5年完成这部书稿。本书包含的若干调查研究数据、主要结论，几乎全部来自中国工程院高端智库重点课题"建设一流本科教育培养卓越拔尖人才研究"（课题号：2018-GDZK-13）、中国工程院咨询研究项目"我国工程科技人才通识教育发展战略研究"（课题号：2018-XY-48）、教育部"第二批新工科研究与实践项目·工科拔尖创新人才培养的系统建构与实践"（课题号：58300700120）三项课题的研究成果。本书的出版受益于以上课题经费的支持。在完成此书时我们发现，关于本科教育仍有两个基本且重要的问题有待研究：新时期背景下的本科教育之"本"，其底层逻辑是什么？我国高校能为世界范围内的高水平本科教育贡献哪些独特的理念与实践经验？这两个问题，需要在今后的研究中进一步予以探索。

本书全部内容的讨论、数据采集、撰写，由我与吴凡、苏芃、詹逸思共同完成。此外，李越教授，以及乔伟峰、丁若曦、何海程等其他成员均参与了上述三项课题的研究工作，在此一并感谢。

感谢对课题成果进行评审的所有专家，他们在精深的专业造诣之外，仍然为人才培养的研究提供不竭的支持，他们是：清华大学陈丙珍院士、王玉明院士、南策文院士、郑泉水院士、王孙禺教授。教育部高教司、中国工程院教育局的多位领导和同事为我们提供了宝贵的调研机会，并为我们提供分享阶段性研究成果的机会；清华大学教育研究院的石中英院长、刘惠琴书记等同事一直为课题的顺利进行创造条件，深深地感激他们总是千方百计地考虑如何为我减轻各方面的工作压力。这些温暖的支持，令我常生"自惭菲薄才，误蒙国士恩"之感愧！

在全面提高人才自主培养质量的新征途中，本书丰富了有关本科教育的研究，所提供的分析思路对现阶段中国本科教育的改革与发展有一定的借鉴意义。本书可供关注高等教育学相关领域的研究者、管理人员、教师与学生阅读。书中难免出现错误和疏漏之处，或因工作不够扎实而致，或因数据更新不及时而致，欢迎读者批评、指正。

李曼丽于清华园

2021 年 9 月

目　　录

第一章
新时期我国高水平本科教育发展的
背景、问题与挑战

一 新时期重构高水平本科教育理念与实践体系的战略背景

（一）世界高等教育发展历程中的本科教育改革趋势

1. 呼吁关注和重塑大学本科教育

1995 年，受卡内基教学促进基金会资助，美国成立了研究型大学本科教育委员会（The Boyer Commission on Educating Undergraduates in the Research University，以下简称博耶委员会），开始对美国大学本科教育的现状进行评估。经过大约 4 年的调查，博耶委员会于 1998 年发布《重塑本科教育：美国研究型大学蓝图》（*Reinventing Undergraduate Education：A Blueprint for America's Research Universities*），该文针对本科教育改进提出若干建议，包括创设以问题探究为基础的第一年学习、围绕新生特点构建大一学年、消除跨学科教育障碍、将交流技能与课程学习联系起来、创造性地使用信息技术、设置顶石课程营造顶峰体验①、把研究生当成实习教师培养、改革教师的奖励机制、培养社区意识等。2001 年，博耶委员会发布《重塑本科教育：博耶报告三年回顾》（*Reinventing Undergraduate Education：Three Years After the Boyer Report*），该文总结了研究型大学取得

---

① 顶石（Capstone），本意为建筑上最顶端、最后一块石头，功能为稳固建筑结构，代表建筑体完工，引申为教育领域最为巅峰的学习经验。

的进展，提出为了使所进行的改革能够惠及更多学生，需要大学进一步从根本上接受该文提出的原则以及认可教学创新的价值，并使其得到国家、专业协会和资助机构的有力支持。

1996 年，美国国家科学基金会（National Science Foundation，United States）发布了对科学、数学和工程专业本科教育状况进行深入审查后的最终报告——《塑造未来：透视科学、数学、工程和技术的本科教育》（Shaping the Future：New Expectations for Undergraduate Education in Science，Mathematics，Engineering，and Technology）。该报告指出当前理工科本科教育受到来自信息技术革命的诸多阻碍，例如缺乏跨学科课程，教学技术使用效率低下，在新课程和新教学方法上没有进行明智选择和缺少评估，教师发展缺少相应资源，不同类型机构之间缺少衔接与合作。该报告针对以学生为中心、跨学科边界连接学生经验、创造跨机构/组织/行业之间的合作等方面，从与本科教育有关的不同角色主体的角度出发，提出了根本性原则和有针对性的具体建议。

2. 推动教学与研究具有同等重要地位

随着美国重视基础科学的发展和研究型大学的崛起，对研究生教育和科研的重视逐渐使本科教育教学被边缘化（贺国庆，2016）。进入 20 世纪 80 年代，美国大学开始更多关注本科教育教学质量，并不断致力于构建以研究为本的本科教育。在不同高校各具特色的探索实践中，美国研究型大学不断超越通识教育与专业教育之争，形成了合作性、问题性和实践性三个维度构成的本科教育教学基本框架，并积极促进教学与研究的相互融合（刘凡丰，2003）。

世界一流高等教育学府普遍重视和关注本科教育教学。2003 年，麻省理工学院成立本科教育特别工作组（The Task Force on the Undergraduate Educational Commons），该工作组历经两年半的审查后于 2006 年发布了一份关于 MIT 本科教育状况的报告，报告提出以下四方面建议：为使本科教育跟上迅速发展的科学与技术的步伐，需要扩大核心课程的科目范围；调整人文、艺术和社会科学课程，构建其相应的学习环境；创造环境让每一位本科生了解未来职业和生活所处的全球背景，以适应不同的价值观、传统、假设、态度和规范；改革通识课程，使高校重新审视本科教育教学的核心使命。2012 年，斯坦福大学发布《斯坦福大学本科教育研究》（*The Study of Undergraduate Education at Standford University*），呼吁重新设计本科教育，激发人们超越课程传统组织类别进行思考，试图从根本上了解和解决教与学的问题。该报告强调要关注技能和能力、思考和行动的方式，尤其是要整合本科生的学术经验。

1994 年，澳大利亚联邦政府就业、教育与培训全国委员会（National Board of Employment，Education and Training）发布《在本科教育中发展终身学习者》（*Developing Lifelong Learners through Undergraduate Education*），报告基于本科教育的内容、结构、教学模式、评估方法等，是否需要以及如何设计才能鼓励和促进大学生成为终身学习者。英国分别在 2003 年、2011 年、2016 年发布了三份《高等教育与研究》（白皮书）（*Higher Education and Research White Paper*），提倡高校以学生为中心，提升教学质量，推动教学与研究共同发展（吴岩，2017）。

（二）我国建设新时期高水平本科教育的战略背景

"十三五"时期，我国高等教育质量全面提升，2019 年高等学校毛入学率达到 51.6%，迈入高等教育普及化阶段。① 本科教育是大学的根和本，是高等教育中具有战略地位的教育、纲举目张的教育。进入新时期，本科教育正在展现新的面貌。

1. 一流本科教育建设是"双一流"建设的基础性任务

本科教育的高质量发展是实现我国高等教育内涵式发展的重要基石。在此背景下，教育部将建设一流本科教育纳入"双一流"建设方案。2015 年 10 月 24 日，国务院印发《统筹推进世界一流大学和一流学科建设总体方案》，指出要"坚持立德树人，突出人才培养的核心地位，着力培养具有历史使命感和社会责任心，富有创新精神和实践能力

---

① 《"十三五"高等教育取得突破性进展》，2020 年 12 月 30 日，https：//m.gmw.cn/baijia/2020-12/04/34429013.html。

的各类创新型、应用型、复合型优秀人才"。2017 年 1 月 24 日，教育部、财政部、国家发展改革委印发《统筹推进世界一流大学和一流学科建设实施办法（暂行）》，提出"双一流"建设高校应"有高质量的本科生教育和研究生教育"，且"人才培养质量得到社会高度认可"。2018 年 8 月 8 日，《教育部　财政部　发展改革委印发〈关于高等学校加快"双一流"建设的指导意见〉的通知》，强调要"率先确立建成一流本科教育目标，强化本科教育基础地位，把一流本科教育建设作为'双一流'建设的基础任务"。

本科教育的决定性地位和本质属性，决定了"以本为本"是落实本科教育的主旋律。2018 年 6 月 21 日，教育部在成都召开新时代全国高等学校本科教育工作会议，会议强调要坚持"以本为本"，把本科教育放在人才培养的核心地位、教学的基础地位、新时代教育发展的前沿地位。2018 年 8 月 22 日，教育部发布《关于狠抓新时代全国高等学校本科教育工作会议精神落实的通知》，倡导组织开展教育思想大讨论，抓紧制定专项行动计划，加快构建振兴本科教育的长效机制和制度保障，提出要大力推广典型经验，努力形成振兴本科教育的良好氛围和全局效应。2018 年 9 月 17 日，教育部发布《关于加快建设高水平本科教育全面提高人才培养能力的意见》，提出了建设高水平本科教育的指导思想和目标原则，并指出要加大对本科教育的投入力度，深化高校本科专业供给侧改革。

2. 人才培养是纵深推进本科教育教学改革的核心

人才培养是全面振兴本科教育的基础。2018 年 11 月 1 日，2018～2022 年教育部高等学校教学指导委员会成立会议在北京举行，会议强调推进高水平大学和学科建设，提升本科教育质量。随着本科教育重点工作的全面启动，本科教育教学改革呈现新局面，新工科、新医科、新农科、新文科建设工作不断推进和深化。2019 年 4 月 29 日，"六卓越一拔尖"计划 2.0 启动大会在天津大学召开。

为推进和落实本科教育教学的特色建设，教育部实施开展一流专业与一流课程建设。2019 年 4 月 2 日，教育部办公厅发布《关于实施一流本科专业建设"双万计划"的通知》，启动一流本科专业建设工作，"在不同类型的普通本科高校建设一流本科专业，鼓励分类发展、特色发展"。2019 年 10 月 24 日，教育部发布《关于一流本科课程建设的实施意见》，提出要依据高校办学定位和人才培养目标定位，建设适应创新型、复合型、应用型人才培养需要的一流本科课程。

2019 年 9 月 29 日，教育部发布《关于深化本科教育教学改革全面提高人才培养质量的意见》，提出要把思想政治教育贯穿人才培养全过程。2020 年 12 月 18 日中共中央宣传部、教育部《关于印发〈新时代学校思想政治理论课改革创新实施方案〉的通知》，2019 年 4 月 17 日教育部《关于印发〈普通高等学校思想政治理论课教师队伍培养规划（2019—2023 年）〉的通知》，旨在推动高校办好思政课。

建设和深化本科教育人才培养工作，离不开制定和实施科学合理的教育评价制度。习近平总书记在北京大学师生座谈会上指出，"要把立德树人的成效作为检验学校一切工作的根本标准"，"要把立德树人内化到大学建设和管理各领域、各方面、各环节，做到以树人为核心，以立德为根本"。① 立德树人是深化本科教育评价机制之根本。为了建立以立德树人为核心的体制机制，需要改善不良的教育评价氛围。2020年 10 月，中共中央、国务院印发《深化新时代教育评价改革总体方案》，落实立德树人根本任务，系统推进教育评价改革。为扭转长期以来本科教育目标和理念趋同性高的现象，近年来我国通过推动分类评价工作引导不同领域、不同层次高校有特色、高质量发展，从而满足和适应高等教育多样化发展需求。2021 年 1 月 21 日，教育部《关于印发〈普通高等学校本科教育教学审核评估实施方案（2021—2025 年）〉的通知》，聚焦本科教育教学质量，围绕本科教育教学改革主线，"建立健全中国特色、世界水平的本科教育教学质量保障体系"。

---

① 《在北京大学师生座谈会上的讲话》，2020 年 12 月 30 日，http：//www. qstheory. cn/2019-07/01/c_1124694844. htm。

新时期，社会、经济与科技迅速发展，对人才的需求和要求都发生了变化，这就使得社会发展需要以及用人单位的人才选用都更加重视学生的综合素质和能力。因而，本书希望对新时期我国本科教育所面临的现状、问题与挑战进行分析，重新思考学生的专业能力、创新能力、实践能力的时代内涵与关键因素，促进本科教育高度重视培养学生的道德素质，全面提高本科人才培养水平。

二 新时期我国本科教育的现状、问题与挑战

（一）我国本科教育发展与改革现状概览

根据联合国教科文组织 2011 年版的国际教育标准分类法（International Standard Classification of Education），我国本科教育对应的是第六级学士或同等水平教育，包含学术型教育和专业型教育。

高水平本科教育，目前还没有统一的定义。2018 年 9 月 17 日，教育部发布《关于加快建设高水平本科教育全面提高人才培养能力的意见》，就加快建设高水平本科教育、全面提高人才培养能力的十个方面提出意见，这十个方面涵盖思想政治教育、教学改革深化、教师教书育人能力、一流专业建设、现代信息技术、大学质量文化建设等。该文件对高水平本科教育的要求和阐述，成为新时期我国本科教育建设的方向和指南。

以下从本科教育规模的变化、本科院校层次类型的演进、本科教育质量文化的演进三方面来论述我国本科教育的现状。

1. 本科教育规模的变化

20 多年来，我国高等教育总体规模发生了巨大变化：我国各类高等教育在学规模保持增长趋势，2000 年为 1229 万人，2019 年达到 4002 万人；普通高等学校数量和在校生规模迅速增加：2019 年，我国共有普通高等学校 2688 所（含独立学院 257 所），其中，本科院校 1265 所，普通高等学校校均规模为 11260 人，本科院校校均规模 15179 人。①

---

① 《2019 年全国教育事业发展统计公报》，2020 年 12 月 30 日，http：//www.moe.gov.cn/jyb_sjzl/sjzl_fztjgb/202005/t20200520_456751.html。

高等教育师资规模是本科教育高质量发展的重要支撑（王洪才，2003）。高等教育生师比反映了生均人力资源投入水平，对人才培养质量有直接影响。全国普通高等学校教职工从 2015 年的 236.93 万人增长到 2019 年的 256.67 万人，专任教师从 2015 年的 157.26 万人增长到 2019 年的 174.01 万人。普通高等学校生师比从 2015 年的 17.73∶1 增长为 2019 年的 17.95∶1，其中本科院校的生师比从 2015 年的 17.69∶1 降低为 17.39∶1。[①]

我国有世界最大工程教育供给体系，工程教育是我国高等教育体系的重要组成部分。[②] 教育部高等教育教学评估中心从 2014 年起连续发布《中国工程教育质量报告》，对本科层次工程教育的规模、结构、布局、培养目标、教学质量、体制机制、社会需求适应度等方面进行全面概述和分析。2017 年，教育部高等教育教学评估中心发布中国首份专题性本科教育质量报告——《中国本科教育质量报告》。该报告对我国本科教育规模、普通本科高等学校数量、招生规模、在校生规模等进行了描述，指出虽然本科教育长期以来在我国高等教育结构中居中心地位，但我国本科教育在不同层次、不同类型高等学校中存在分配与发展不均衡的情况。[③]

2. 本科院校层次类型的演进

经过多年努力探索，我国高等学校已发展出多元化的类型体系。在演变之中，本科院校的层次类型逐步发展与分化。雷家彬（2011）将我国高等学校分类的演变划分为三个阶段，并详述了每个阶段高等学校的分类情况。

第一阶段是 1952~1984 年，为服务国家经济建设和重工业发展，

---

① 《2015 年全国教育事业发展统计公报》，2020 年 12 月 30 日，http：//www.moe.gov.cn/srcsite/A03/s180/moe_633/201607/t20160706_270976.html。普通高等学校生师比，不含分校点数据，学生总数为折合学生数。

② 《我国工程教育迈入全球"第一方阵"》，2020 年 12 月 30 日，http：//www.moe.gov.cn/jyb_xwfb/s5147/201809/t20180927_350082.html。

③ 《权威发布！最新版高等教育质量"国家报告"出炉》，2020 年 12 月 30 日，http：//edu.cnr.cn/list/20171016/t20171016_523988230.shtml。

通过"院系调整",高等学校实行分类发展。按学科门类、办学性质、管理所属、教学形式、重点层次五个属性特征,高等学校类型呈现以下特点。(1)按照学科门类合并、改组、新建院校,改变了对苏联高等教育体系依照行业需求确立办学专业的效仿,使得综合性大学减少,工业类单科性大学、农学院、林学院、医学院、师范学院等院校增加;(2)我国高等教育机构的办学性质从国立、公立、私立三类并存,到全部属于公立机构,再到公立与民营并存;(3)高等学校按管理所属分类,由中央和地方分别举办和管理,形成"条块分割"的体制和格局;(4)按照主要采用教学形式的不同,形成三类学校,分别是以提高自身教学科研质量为目标、采用学校教育方式的全日制学校,以普及教育为目标、采用自学(函授和广播学校)方式的半工半读学校,以及业余学校;(5)我国在高等教育机构中圈定重点大学给予重点建设。

第二阶段是 1985~1997 年,为服务改革开放时期的社会经济发展,国家有关部门出台了一系列法律法规和政策文件进行高等教育体制改革,高等学校出现以下新的层次类型。(1)以培养应用型人才为主的高等职业院校,随地区经济建设需要而出现;(2)因鼓励社会力量办学,民办高等教育机构在此阶段数量猛增;(3)受到中央、省、中心城市三级办学的政策鼓励,我国一些经济发达地区创办高等学校;(4)由于实施"211 工程",区分出重点建设高等学校,这一时期还产生了"研究生院"大学。

第三阶段是 1998 年至今,随着高等教育规模和质量取得突破性进展,高等教育机构层次结构发生新变化。(1)从 1999 年普通高等学校大扩招开始,普通本科高等学校开始举办带有公办民助性质的本科层次二级学院;(2)通过新建、调整、升级等多种方式,普通本科高等学校数量迅速增长;(3)通过合并、划转等方式,中央业务部门所属高等学校数量减少;(4)在重点建设战略下,开始建设"985 工程"大学;(5)国家有关部门出台相关政策,重点建设能产生示范性作用的高等职业院校。

张应强、周钦（2020）认为我国高等教育院校体系的层次结构和类型结构主要由政策性机制引导，从而形成分类分层发展格局，不同高等学校依据政策，定位自己的办学层次、办学类型、办学资源、服务面向。

3. **本科教育质量文化的演进**

随着高等教育进入普及化阶段，教育教学质量成为我国高等教育及社会大众关注的焦点。党的十九大明确提出我国已"转向高质量发展阶段"。人才培养是高等学校的首要任务。2019 年 9 月 29 日，教育部发布《关于深化本科教育教学改革全面提高人才培养质量的意见》，对高等学校提出"全面推进质量文化建设"的要求，构建"自觉、自省、自律、自查、自纠的大学质量文化，把其作为推动大学不断前行、不断超越的内生动力"。质量文化建设是保证高等教育质量的基石。新时期，我国高等学校在加强大学质量文化建设、保证本科教育教学质量方面做出了以下一些努力。

（1）强化高等学校内部质量保障体系，落实学生中心、产出导向、持续改进的评估理念。一是构建促进高等学校自我评估的内部质量保障体系。高等学校内部质量保障体系涉及内容广泛、要素多元，例如，开展教学、专业、学生、课程等评价活动，目的是促进本科教学质量不断提高和改善。[①] 目前高等学校已逐步形成院校两级共督导模式、年度教学质量报告制度、多维度和全链条的质量评估、校内外多方参与、教学常态检测等特征的内部质量保障体系。二是为了支持通过信息技术手段实现精准教学督导，高等学校普遍建立了内部教学质量常态监测数据平台。通过观测教学运行状态，展开基于数据的个性化分析决策，为高等学校关心学生体验和成长、促进学生的学习主动性和学习效果、帮助教师改进教学方法和提高课程教学质量提供了方法手段层面的保障（王战军、乔刚，2016）。

[①] 《关于深化本科教育教学改革全面提高人才培养质量的意见》，2020 年 12 月 30 日，http：//www.moe.gov.cn/srcsite/A08/s7056/201910/t20191011_402759.html。

（2）全面提高高等学校教师质量，推进新时代教师队伍建设的顶层设计。我国有关部门出台了一系列政策，明确新时代教师职业规范和师德师风，强化以教育育人为核心的评价内容。2018 年 1 月 20 日，中共中央、国务院印发《关于全面深化新时代教师队伍建设改革的意见》；2 月 11 日，教育部等五部门印发《教师教育振兴行动计划（2018—2022 年）》；2 月，中共中央办公厅、国务院办公厅印发《关于分类推进人才评价机制改革的指导意见》；11 月 8 日，教育部印发《新时代高校教师职业行为十大准则》。

（3）积极开展专业认证与评估工作，探索新时代教育评价理念。一是不断扩大工程教育、医学类、师范类等专业认证规模①，推动相关专业加强内涵建设、完善方案设计与标准研制，促进专业特色进一步凸显。此外，不少高等学校还积极参与国际化评估认证，以此促进我国的质量保障体系兼具中国特色和世界水平。② 二是完善本科教育教学评估，推动高等学校在机制体制、课程体系、教学方法等重点领域的改革实现和取得实质性突破。2020 年，中共中央、国务院印发了《深化新时代教育评价改革总体方案》，明确提出要改进本科教育教学评估，突出思想政治教育、教授为本科生上课、生师比、生均课程门数、优势特色专业、学位论文（毕业设计）指导、学生管理与服务、学生参加社会实践、毕业生发展、用人单位满意度等。三是结合现代信息技术手段，科学评估本科教育教学效果。继 2014～2018 年审核评估总体完成后，教育部于 2021 年 1 月 21 日印发《普通高等学校本科教育教学审核评估实施方案（2021—2025 年）》，提出要深度挖掘常态监测数据资源，采取多元化、多样化的方法，切实改进过程评价、增值评价和综合评价，综合运用评估结果，提高高等学校人才培养能力。

---

① 《关于深化本科教育教学改革全面提高人才培养质量的意见》，2020 年 12 月 30 日，http：//www.moe.gov.cn/srcsite/A08/s7056/201910/t20191011_402759.html.

② 陈宝生：《坚持以本为本 推进四个回归 建设中国特色、世界水平的一流本科教育》，2020 年 12 月 30 日，https：//news.hnu.edu.cn/info/1186/20854.htm.

（二）我国高水平本科教育面临的问题与拔尖创新人才培养的挑战

1. 我国高水平本科教育建设面临的问题

从规模扩张向内涵式发展转变的这一重要时期，高等教育的质量提升必然面临更大挑战。其中，建设高水平本科教育所面临的关键问题需要进一步厘清。结合多位学者的观点，本书认为新时期我国高水平本科教育面临的问题有如下几方面。

（1）经费投入不均衡问题

黄永林（2020）提出我国高等教育经费投入在中央部属与地方所属高等学校之间、不同区域的高等学校之间存在不均衡的情况。1993～2018年，高等教育总经费呈现增长趋势（2018年总经费是1993年的76倍），并形成了以财政预算教育经费为主、其他经费收入为辅、多渠道筹措教育经费的普通高等教育经费来源格局。

从"普通高校财政性教育经费投入占全国普通高校财政经费投入的比例"看，中央部属高等学校的这一比例从1993年（55.07%）到2018年（32.25%）总体呈现下降趋势；地方所属高等学校的这一比例从1998年（44.93%）到2018年（67.75%）总体呈现上升趋势；2018年，在地方所属高等学校中，东部地区高等学校的这一比例最高（43.83%），其次是中部地区高等学校（31.43%），最低是西部地区高等学校（24.73%）。

高等学校生均投入是指按在校生人数平均的高等教育经费投入，这是反映高等教育质量的重要指标之一。黄永林（2020）认为1993～2008年，我国普通高等学校生均教育经费总体呈现增长趋势，增幅较大，但各地区各省份极不均衡，呈现"东部高峰""西部平原""中部塌陷"的格局。岳昌君（2013）认为，生均预算支出的地区差异反映了不同地区和省份经济发展水平、财政性收入水平以及高等教育经费水平的差异。游小珺等（2016）认为，为快速提升我国科研实力，国家财政对"985工程"大学和"211工程"大学的专项财政拨款以及由此产生的在师资水平、生源水平、科研实力等方面的循环积累效应，都成为高等教育经费投入形成差异格局的原因。

（2）本科目标的趋同性问题

高等教育普及化体系应该是一个包容的体系，"既是精英的，又是大众的；既是学术的，又是应用的"（邬大光，2021）。但是，在规模扩张的快速发展过程中，许多高等学校的目标和发展模式趋同一致，从而无法满足社会经济发展对高等教育提出的多样化需求。与此同时，由于我国高等教育规模和结构演变过程中的一些历史原因，我国本科教育在价值观上存在追求一流的趋同性。近年来，我国推出一系列政策促进本科教育在类型、结构上进行调整，促进本科教育合理且可持续的发展，从而更好地对接社会发展需要。

一是引导一批普通高等学校向应用技术类型高等学校转型。2014 年 5 月 2 日，国务院出台《关于加快发展现代职业教育的决定》，提出引导一批普通本科高等学校向应用技术类型高等学校转型，重点举办本科职业教育。2021 年 1 月 22 日，教育部办公厅《关于印发〈本科层次职业教育专业设置管理办法（试行）〉的通知》，明确"高校设置本科层次职业教育专业应紧紧围绕国家和区域经济社会产业发展重点领域，服务产业新业态、新模式，对接新职业，聚焦确需长学制培养的相关专业"。

二是引导和激励高等学校各展所长、特色发展，坚持分类评价。2021 年 1 月 21 日，教育部印发《普通高等学校本科教育教学审核评估实施方案（2021—2025 年）》，指出各种类型的高等学校要有特色的发展，发挥自己所长，明确自身的办学定位、培养目标，提升教育教学水平，建设好质量保障体系，在评价方式上要探索符合所在高等学校特点的分类、精准评价。

（3）公平与效率问题

在我国高等教育发展的历史进程中，公平和效率，这两者既是大众的要求，也是高等教育建设中始终追求的目标。董泽芳（2014）提出，高等教育的公平需要接受高等教育的人数增多，从而有利于高等教育的效率提升。因为接受高等教育的人数越多，可供选拔为精英人才培养的范围就越大，培养能为社会做出更多贡献的复合型人才的可能性就越大，从而为打造更为公平的高等教育环境提供良好土壤。但我国高等教育公平还存在很多不足，表现为：高水平的本科教育供给无法满足人民群众和社会发展的需求；中央部属高校录取率处于较低水平；重点高校招生名额投放比例失调；海外留学机会倾向重点大学和能承担学习成本的学生（张继平、董泽芳，2017）。

党的十九大报告提出"努力让每个孩子都能享有公平而有质量的教育"。"公平而有质量的教育"包括两种类型：以均等化为目标的公平—质量范型和以多样化为目标的公平—质量范型。前者以"公平与效率"框架为基础，属于传统教育公平理论范畴，主要是通过提高政策供给和调动社会资源，促进更多学龄儿童和青年获得教育入学机会。后者以多样化为目标的公平—质量范型，突破了传统教育公平理论，以人为本，因材施教（杨九诠，2018）。

新时期我国高等教育要建立高水平本科教育，必须兼顾公平与效率，不仅需要建立科学的质量观，还要进一步明确到底什么是衡量教育质量的根本标准，在此基础上围绕经济社会发展的需求，做好资源支撑、制度设计和文化氛围营造（郭元婕，2018）。

（4）普及化与质量监控问题

我国从高等教育大众化阶段迈入普及化阶段所付出的努力是巨大的，所用时间和西方国家相比也是相对较短的。在这样的背景下，在体系建设、结构优化等方面，我国高等教育需要调整和改进之处还有很多（邬大光，2021）。高等教育极速扩张的过程中，一直非常重视"数量"的增加，而忽视了高等教育的"高质量"和"内涵建设"，因此包括学生就业、教学效果、职业发展等许多与本科教育质量有关的深层次问题，仍旧是普及化阶段高等教育高质量建设与发展的重要议题。

邬大光（2021）认为在高等教育普及化阶段需要体现多样化的质量观，需要重塑"精英教育"理念，需要构筑高等教育质量底线，需要充分利用现代教育技术，需要一流大学、一流学科反哺人才培养。

2019 年，中共中央、国务院印发《中国教育现代化 2035》，中共中央办公厅、国务院办公厅印发《加快推进教育现代化实施方案（2018—2022 年)》，明确将"推进高等教育内涵发展"列为教育现代化十项重点内容，成为今后一段时期我国教育现代化的重要内容。教育部发布了一系列指导性文件，引导和规范本科教育建设各个方面的工作。"六卓越一拔尖"计划 2.0、一流本科专业和一流本科课程的"双万计划"等本科教育质量相关工作和行动为新时期高水平本科教育的建设构筑了强大合力，将不断促进我国本科教育从规范的质量监控走向自觉的质量文化。

（5）大学生教育获得与发展成长问题

本科教育是个体接受高等教育的重要阶段，是高等教育支撑国家创新能力的重要载体。对于个体来说，接受什么样的本科教育就意味着能发展出什么样的创新能力和综合素质。因此，"获得教育"以在市场和生活中谋以生存、"向上流动"以赢得更强的竞争力，已经成为个体和学界关注的焦点（李忠路，2016）。

我国实施普通高等学校扩招以来，我国学者对教育扩张与教育机会的关系进行研究并发现，教育机会的不平等不会随着教育扩张而下降，并且较高等级（如大学本科教育）的高等教育领域的机会不平等大于较低等级（如大学专科教育）的高等教育领域（刘精明，2006；李春玲，2014；丁延庆、叶晓阳，2015）。到底哪些因素影响大学教育的入学机会呢？相关研究发现，尽管中国高等教育的入学机会以高考为主要方式，但是家庭文化资本、经济资本处于优势社会阶层的子女能更多地接受高等教育的机会（郭丛斌、闵维方，2006）。

在获得大学教育机会后，哪些因素会影响大学本科生在校期间的教育成就？国内学者就这一问题展开研究。朱斌（2018）以学业成绩、担任学生干部、英语四级成绩为教育成就测量指标，对影响大学四年级学生教育成就的因素进行研究后，认为精英阶层子女更可能成为级别较高的学生干部，他们的四级英语成绩也相对更高，但家庭阶层地位对学业成就存在消极影响。

在新时期经济社会发展需求发生变化的背景下，当越来越多的人获得了接受大学教育的机会时，本科文凭的含金量也随着高校毕业生数量的攀升而降低，这就致使越来越多的高等学校本科毕业生为提高自身的竞争优势选择接受研究生教育。那么，哪些因素对接受研究生教育机会产生影响？欧洲和美国大量研究结果支持了"持续不平等"（persist inequality）假设，研究证实了家庭收入、父亲职业、父母的社会经济地位等因素对子女获得研究生教育机会有积极作用（李忠路，2016）。李忠路（2016）对2010年和2012年毕业于北京地区高等学校的本科生进行调查研究，发现在国内获得研究生教育机会的学生，其家庭背景这一因素主要是通过影响本科就读高等学校类型和学业表现来发挥作用的。

（6）高等教育自身的科学与道德精神问题

优良的科学精神、学风与道德是高等教育高质量发展的重要内涵，是支撑新时期教育事业和科学事业可持续发展的前提。[1]不良的科学道德和学风问题容易引起科技界的信誉危机、科学共同体的信任危机、人力资源的误用浪费，从而影响高等教育的人才培养、科学研究活动和社会服务能力。

新时期培育高等教育优良的科学与道德精神氛围，以下几方面的问题值得关注和重视。一是师德师风建设迫在眉睫，立德树人的成效也应当作为检验高等学校工作的根本标准。[2] 教育大计，教师为本，师德师风是评价教师队伍素质的第一标准。教师是立教之本、兴教之源[3]，高水平教师应当具备过硬的思想政治素质和职业道德水平。二是教、学、管三方面面临严峻挑战，学风建设亟待狠抓。不仅教的难度、学风精

---

[1] 《关于切实加强和改进高等学校学风建设的实施意见》，2020年12月30日，http://www.moe.gov.cn/srcsite/A16/kjs_xfjs/201112/t20111202_172770.html。

[2] 《教育部　财政部　发展改革委印发〈关于高等学校加快"双一流"建设的指导意见〉的通知》，2020年4月16日，http://www.moe.gov.cn/srcsite/A22/moe_843/201808/t20180823_345987.html。

[3] 《习近平向全国广大教师致慰问信》，2020年4月16日，http://cpc.people.com.cn/n/2013/0910/c64094-22864548.html。

神、考试纪律、课程高阶性等方面亟须提高，而且基层教学组织在学风建设中的力量也亟待充分发挥。三是深入分析"五唯"问题，并提出改革方向和具体措施。"唯分数、唯升学、唯文凭、唯论文、唯帽子"的现象亟须得到改善，德智体美劳全面发展与素质教育的精神要求亟待得到发扬。高等学校亟须从质量、贡献、影响等角度出发，建立真正具有合理性、科学性、全面性的教育评价制度。① 四是在全社会营造鼓励好奇心的自由探索氛围，弘扬科学家精神。全社会都应崇尚尊师重教，并在全社会形成良好的学习氛围（段伟文，2020）。

2. 我国拔尖创新人才培养面临的挑战

我国高等教育进入普及化阶段的同时，世界人才竞争已趋于白热化，我国世界一流大学建设面临严峻挑战，迫切需要得到研究和解决。特别是，为了满足经济社会发展的新要求，为了建设高等教育强国，我国高等学校在培养拔尖创新人才方面需要应对如下具体的教育教学挑战。②

一是高等教育需要基于新时期发展形势和产业变革提出的新要求，优化对学科专业的设置和调整相应的结构；迫切需要加强研究与实践，重视科研成果向人才培养资源和实践转化。

二是本科教育在新时期更应当注重培养学生的创新精神，探索创新创业教育的新模式。高等学校应当加快教育体制改革，把创新创业教育贯穿人才培养全过程，延伸到课程、实践等人才培养的各个环节，促进各种渠道的协同育人和产学研用结合模式更加成熟。

三是高等学校应当通过一系列措施促进高水平教师和创新团队实现由量到质的突破。需要建设教学质量高、结构合理的教师队伍，建立拥有有效合作机制的教学团队。需要聘请或支持世界范围内高水平的学科

---

① 《中共中央办公厅 国务院办公厅印发〈关于深化项目评审、人才评价、机构评估改革的意见〉》，2020 年 2 月 16 日，http：//www. most. gov. cn/xxgk/xinxifenlei/fdzdgknr/fgzc/gfxwj/gfxwj2018/201807/t20180704_140453. html。

② 《系列高等教育质量报告首次发布》，2020 年 12 月 30 日，http：//www. moe. gov. cn/jyb_xwfb/xw_fbh/moe_2069/xwfbh_2016n/xwfb_160407/160407_sfcl/201604/t20160406_236891. html。

专家和业界专家，通过各种途径，为学生带来最前沿的知识，帮助学生开阔视野。

四是高等学校应当加强科技创新与人才培养的联系，更科学地认识和体现科研与教学的关系。建立更为科学合理的教师评价体系，激发教师对教学、科研和社会服务的积极性和主动性。

五是高等学校应当坚持以学生为中心，加强专业学习过程体验与就业的相关性。提升教师的教学能力，根据学生兴趣，帮助学生学习和发展，促进其个性化的专业发展。

新时期，新使命和新任务正在召唤本科教育，全面振兴本科教育和建设高水平本科教育的新历程已全面开启。如何实现高质量人才培养，世界一流大学在拔尖创新人才培养上有哪些经验可以借鉴，我国在本科拔尖创新人才培养方面有过哪些积极探索？这些问题都迫切需要研究、探索和实践。

第二章
我国数理基础学科本科拔尖创新
人才培养的探索

一 "拔尖计划"回溯性研究的背景

国家创新体系的建设离不开具有关键核心地位的基础学科的发展。基础学科是科学发展、技术进步和产业变革的源泉与强大动力（杜玉波，2014）。

2015 年 3 月 13 日，人力资源和社会保障部发布《国家中长期人才发展规划纲要（2010—2020 年）》，提出实施青年英才开发计划，"着眼于人才基础性培养和战略性开发，提升我国未来人才竞争力，在自然科学、哲学社会科学和文化艺术等重点学科领域，每年重点培养扶持一批青年拔尖人才"。该纲要提出要创新人才培养开发机制，充分发挥教育在人才培养中的基础性作用，建立高等学校拔尖学生重点培养制度。

2018 年 1 月 19 日，国务院发布《关于全面加强基础科学研究的若干意见》，明确指出基础学科发展的阶段目标："到 2020 年，我国基础科学研究整体水平和国际影响力显著提升，在若干重要领域跻身世界先进行列，在科学前沿重要方向取得一批重大原创性科学成果，解决一批面向国家战略需求的前瞻性重大科学问题，支撑引领创新驱动发展的源头供给能力显著增强，为全面建成小康社会、进入创新型国家行列提供有力支撑。到 2035 年，我国基础科学研究整体水平和国际影响力大幅跃升，在更多重要领域引领全球发展，产出一批对世界科技发展和人类文明进步有重要影响的原创性科学成果，为基本实现社会主义现代化、跻身创新型国家前列奠定坚实基础。到本世纪中叶，把我国建设成为世界主要科学中心和创新高地，涌现出一批重大原创性科学成果和国际顶尖水平的科学大师，为建成富强民主文明和谐美丽的社会主义现代化强国和世界科技强国提供强大的科学支撑。"

面对日益激烈的国际竞争，为了建设高等教育强国以支持国家重大战略的实施，需要我国不断完善高等教育体系建设，培养一大批能够提供源源不断创新力量的科学家（杜玉波，2014）。对此，我国实施人才强国战略，优化基础研究环境，着力提升我国未来人才竞争力，加大对优秀青年人才的开发力度，抓紧储备一批面向未来能够引领世界潮流、具有发展潜力的科技拔尖人才，以帮助我国更好地迎接和应对已经到来的激烈的国际竞争。

重视和加强拔尖创新人才培养，是促进基础科学研究水平不断提升的根本保障。[①] 在此，我们认为非常有必要系统回顾一下 2009 年由教育部、中组部、财政部协力推动实施的"基础学科拔尖学生培养试验计划"（以下简称"拔尖计划"，当前也有称作"拔尖计划 1.0"，以及在此基础上形成的"拔尖计划 2.0"，以下根据行文之需会与"拔尖计划"交叉使用）的探索过程、经验和教训。

二　"拔尖计划"基本原则、实施保障与目标展望

2009 年，在教育部、中组部、财政部的推动下，"基础学科拔尖学生培养试验计划"在数学、物理、化学、生物学和计算机科学学科领域，先后选择 20 所高等学校试点实施，每年选拔 1000 名学生进入"拔尖计划"（杜玉波，2012）。该项计划通过多元化的途径，选拔有潜力的学生进行基础学科领域的拔尖创新人才培养。该项计划的开展，包括

---

① 《"基础学科拔尖学生培养计划"总结十年　探讨推进：识变　想远　做实》，2020 年 12 月 30 日，http：//education. news. cn/2018-12/10/c_1210012157. htm。

制定方案、确定项目高校名单等各项具体工作，都得到了教育部成立的专家组的指导。

"拔尖计划"实施以来，试点高等学校根据所在学校的实际情况研究和设计人才培养方案，致力于改进和尝试适合基础学科领域拔尖创新人才的培养模式，在政策支持、学生选拔、师资队伍建设、教学方法、资源保障等方面进行了全方位探索，取得了一定成效（高耀，2020）。

（一）基本原则

"拔尖计划"的指导思想是"遵循基础学科拔尖创新人才成长规律，借鉴国内外一流大学和科研院所拔尖创新人才培养的成功经验，深入推进体制机制创新和教育教学改革，充分利用国内外优质教育资源，构筑基础学科拔尖人才培养的专门通道，促进基础学科拔尖创新人才脱颖而出"[①]。

"拔尖计划"的实施，一方面通过试点高等学校的探索和经验积累，建立起一定的示范带头作用，并将该计划获得的成效经验推广到更广范围的高等学校教育教学改革中，从而促进各个学科专业人才培养模式创新，促进整体高等教育质量的提升；另一方面试点高等学校要在普遍提升现有学生的培养质量、增强创新意识、进行创新性培养的同时，最大限度地遵循学生的兴趣和潜能，尊重学生的个性化选择，引导学生自主学习和进入科学研究过程（杜玉波，2012）。为此，"拔尖计划"为学生创造了一种具有高水平导师指导、小规模班级教学、国际化氛围的个性化培养模式。这样的人才培养模式，也许不能确保所有参与的学生都能成为拔尖人才，却最大限度地提供了促进学生发挥自我能动性和找到适合自己潜能的科学之路的可能性。

"拔尖计划"的基本原则：第一，少而精、高层次、国际化。将基础学科水平强的高等学校作为试点，设计和实施动态选拔优秀学生的方法，在配备师资、学习环境、学术氛围、国际化氛围等方面，全面提升

---

① 《基础学科拔尖学生培养试验计划实施办法》，2020 年 12 月 30 日，http：//www.moe.gov.cn/s78/A08/gjs_left/moe_742/s5631/s7969/201210/t20121010_166818.html。

基础学科领域拔尖创新人才培养质量。第二，人才培养为主、政府支持。该计划不仅受到政府制定的特定政策的支持，还受到专项经费的支持。学校可以充分发挥办学自主权，实施有利于基础学科领域拔尖学生成长的各项措施。第三，定期评估、提高质量。该计划的实施不是完成一项短期项目，而是希望尊重人才成长的规律，通过长时间的改革和定期的科学评价，形成真正对基础学科领域学生培养有支持作用的教育教学改革经验，由此推广到更多学科、更多高校的人才培养实践中去。[①]

（二）实施保障

为保障计划的顺利实施，大力推进我国大学拔尖创新人才培养模式和机制的全方位创新，"拔尖计划"成立了"四个组"，实施全方位的保障措施[②]：

——由教育部、中组部、科技部、中科院、财政部组成"大学生优选计划"指导组，负责计划实施的宏观指导，提供政策和经费支持；

——由教育部和中科院组建"大学生优选计划"协调组，负责协调本部门有关司局，共同支持计划实施工作；

——由国内外著名专家组成"大学生优选计划"专家组，负责论证各高校和科研院所实施方案，为各高校和科研院所方案的实施提供咨询、建议、评估；

——计划高校校长和科研院所负责人组成"大学生优选计划"工作组，负责推进计划的实施，组织开展交流，提供信息服务。

在试点高等学校的政策保障方面，形成拔尖人才培养的专门通道，改革教师激励办法、考试招生办法、学生奖励办法、教学管理办法等；组织保障方面，成立由校领导牵头的领导小组，由知名学者组成专家委员会以及由校内相关职能部门组成工作小组；经费保障方面，中央财政给予专项经费支持用于聘请教师，资助学生进行国际交流、科研训练、

---

① 《基础学科拔尖学生培养试验计划实施办法》，2020 年 12 月 30 日，http：//www.moe.gov.cn/s78/A08/gjs_left/moe_742/s5631/s7969/201210/t20121010_166818.html

② 《基础学科拔尖学生培养试验计划实施办法》，2020 年 12 月 30 日，http：//www.xtih.tsinghua.edu.cn/info/1019/1090.htm。

创新实践以及开展学术交流和社会实践活动等。

（三）目标展望

"拔尖计划"的目标是要努力使受计划支持的学生逐步跻身国际一流人才队伍，成为顶尖科学家、顶级医学科学家、中国特色哲学社会科学领军人才，从而为建设科技强国培养和储备基础学科领域的新生力量。

2018 年 9 月 17 日，教育部等 6 部门发布《关于实施基础学科拔尖学生培养计划 2.0 的意见》，提出"经过 5 年的努力，建设一批国家青年英才培养基地，拔尖人才选拔、培养模式更加完善，培养机制更加健全，基础学科拔尖学生培养计划引领示范作用更加凸显，初步形成中国特色、世界水平的基础学科拔尖人才培养体系，一批勇攀科学高峰、推动科学文化发展的优秀拔尖人才崭露头角"。

该意见指出，在"拔尖计划 1.0" 10 年探索经验基础上，总结能够推广的标准、模式，并进一步形成适合中国国情的拔尖创新人才选拔和培养方案。"拔尖计划 2.0"将在原有数学、物理、化学、生物学、计算机科学 5 个学科基础上，增加天文学、地质学、地理学、大气科学、海洋科学、基础医学、基础药学、心理学、力学、文史哲等学科。参与的高等学校在"拔尖计划 1.0"的 20 所高等学校的基础上予以增加，符合条件的高等学校提出申请，报送计划实施方案，经专家组论证后增选成为试点高等学校，已列为试点的高等学校拓展学科范围也需申请和论证。高等学校申报需具备以下条件：有"国家基础学科人才培养基地"（含"理科基地"和"文科基地"）或者相关基础学科实力强，有国家一级重点学科点或全国第四轮学科评估结果为 A 级；有较好的学生来源；拥有世界范围内一流的大学或科研院所的合作对象和合作基础；能够研究和掌握国内外拔尖创新人才的培养动向，并基于此制定和实施改革方案。

"拔尖计划 2.0"将致力于培养世界一流自然科学和哲学社会科学领军人才，努力构建起中国特色、世界水平的拔尖人才培养体系，形成对人类文明发展有重大影响的原创性思想，产生引领人类进步的前沿科学和技术，推动我国成为世界科学中心、文化中心和基础学科人才高地。在基础学科领域，培养造就一批具有全球视野、追求学术理想、勇攀科学高峰的未来领军人才。在哲学社会科学领域，培养造就一批志存高远、扎根中国、学贯中西、引领理论创新、促进人类文明进步的学术人才。

三　"拔尖计划1.0"的实施过程[①]

自2009年启动实施"拔尖计划"以来，各试点高等学校积极开展改革实践，经过10年探索尝试，"拔尖计划"在人才选拔和培养上已相当成熟且特色鲜明。

（一）个人兴趣为基础的动态综合选拔与评价机制

"拔尖计划1.0"试点高等学校非常注重学生选拔工作，在遵循人才成长规律的基础上，设计制定科学合理且具有可实施性的学生遴选方法，采用多条路径、多次选拔的动态进出机制，并在学生评价体系上与选拔标准相呼应，综合评价学生的能力与素质。

1. 多样化的选拔路径

选拔主要在入大学前和入大学后两个阶段开展。入大学前的选拔途径有：（1）夏冬令营、国家奥赛、高考、自主招生等方式，例如南京大学在自主招生考试中为"拔尖计划"专门设立考试计划和考试科目；（2）高等学校与中学合作开展协同育人计划，例如厦门大学、南京大学依托"中学生英才计划"，深入中学阶段进行培养，鼓励优秀学生进入"拔尖计划"。入大学后的选拔主要通过校内二次选拔的方式实现，例如清华大学钱学森力学班和计算机科学实验班在新生报到的第一天组织新生进行报名，不分学科专业，通过组织面试，二次选拔"学堂计划"优秀学生；数学、物理、化学、生命科学各学堂班在大一的春季

---

① 本节关于"拔尖计划1.0"实施过程的分析，是基于20所参与高等学校提供的自评报告和相关数据。

学期，组织学生申报加入"学堂计划"，学生有机会根据入大学后的各项表现申请进入"拔尖计划"。

2. 全面考察的选拔机制

拔尖人才选拔的合理性，依赖其选拔机制的科学性。首先，在入学选拔标准上，除了以学科志趣、创新潜质作为考核的主要依据，还以其他重要素质为筛选标准，希望能对学生做出综合评价，避免以学业成绩作为唯一的选拔标准。例如，浙江大学建立了多维选拔模型，探索基于"知识—能力—素质—人格"的四位一体（KAQ2.0）教育理念的优质生源选拔方式；中山大学建立了以价值导向、人格品质、心理素质、兴趣志向、自主学习能力、创新潜能、批判性思维、沟通团队合作能力八个维度的遴选标准；南京大学计算机学科明确提出考查学生在计算思维、主动探索、团队合作和英文阅读四个方面的表现。

其次，为了全面考察学生的综合素质，高等学校尽可能地综合运用笔试、面试、心理评测等多种方法对学生进行选拔考核。大多数学校的考核都包括笔试和面试两个环节，分别考察学生的不同能力与素质。例如，北京师范大学笔试主要考察学生的一般能力和学习潜力：在一般能力倾向测试中，考察文字理解、逻辑推理、图形推理和资料分析四个方面，还将实践智力测验①作为辅助录取参考。南京大学计算机学科在笔试中要求学生阅读一段描述某个适合计算机求解的经典问题的英文材料，完成简译、缩写并回答问题；面试题目是若干个适合计算机求解的问题，候选者随机组成 3 ~ 4 人团队，围绕随机题目开展讨论、求解，面试专家根据学生解题思路、表达能力、合作能力、领导能力的综合表

---

① 实践智力（practical intelligence）的概念定义来源于美国心理学家斯滕伯格（Robert J. Sternberg）提出的成功智力理论。20 世纪末，斯滕伯格在三元智力论基础上提出成功智力理论，认为个体在完成任务时的成功是建立在分析智力（analytical intelligence）、创造智力（creative intelligence）和实践智力基础上的。其中，实践智力是指个体在日常生活中应用、使用和实施自己所知内容的能力，即将抽象思维内容转化为实际成果的能力。实践智力基于隐性知识/缄默知识（tacit knowledge），即个体成功完成任务时所需要的、无法口头表达或明确说明的知识，具有程序性。斯滕伯格采用隐性知识测验来评估实践智力，测量个体在现实生活中面临的任务挑战，包含基于具体任务要求的实用知识。当测量不同人群实践智力时，测量内容应与该群体未来面对任务挑战的培育目标和需求相关。

现进行人员筛选。

此外，也有高等学校在传统选拔考核方法外，探索能识别有潜力人才的其他方法。例如北京航空航天大学在"拔尖计划"的选拔过程中，学生在经过笔试、面试和心理测试之后，还需参与为期1周的团队拓展夏令营，学生在夏令营中表现出的体能、抗压能力也作为拔尖人才能力与素质的重要考察方面。

3. 动态进出机制

本着以学生兴趣为导向的原则，"拔尖计划1.0"的人才选拔并不局限于一时一刻，而是采用动态的进出机制。具体做法是，在学年末实施阶段性考核，将真正对基础学科研究感兴趣、有潜力的学生吸引和保留在计划中，将不适应计划的学生调整出去。在实施动态性进出机制的高等学校中，每年都有新的学生通过二次选拔进入"拔尖计划"，也有很多学生根据自己的兴趣与表现调整到其他班级或专业。

动态进出机制的有效性，依赖于阶段性考核评估体系的科学性。高等学校不断完善评估体系的合理性，不仅注重学生的学业成绩，也侧重学生在过程中呈现的创新性和问题解决能力。

为了加强动态进出机制的可持续性，使进出机制可以常态化和在更广泛范围内运作，部分试点高等学校开始探索建立相关反馈机制。例如南京大学对进入计划的学生以调查问卷、访谈等方式进行跟踪研究，初步形成了关于学生创造力等方面的本土化的测量量表，并及时把调研情况反馈给院系，为后续人才选拔和培养提供参考依据。

4. 多元化的评价体系

在对拔尖学生的考核内容上，对选拔标准做出了相应回应，力图对拔尖学生进行多方位考核，综合考虑学业成绩、道德品质、学术潜能等多方面素质。例如，上海交通大学致远学院除了考察学生的科研与创新能力外，还评价学生的社交、组织、协调和管理方面的能力；西安交通大学则从测试成绩、各学期学业水平、道德认知、道德行为、创新潜能、心理健康等多方面关注学生成长；山东大学泰山学堂对学生的评价不是只看学习成绩而是采用综合测评，综合测评成绩＝学习成绩×80%＋基础性素质测评成绩×5%＋发展性素质测评成绩×15%。

在对拔尖学生的考核方式上，"拔尖计划"侧重过程性考核，希望通过面试、笔试、论文、研究报告等多样化的方式对学生进行综合考察。

（二）突出本科培养方案的个性化和挑战性

"拔尖计划"的课程体系遵循原有课程体系，以"专业课+通识课"为基本课程框架，将对专业知识和能力的培养与人文素质教育融会贯通。在此基础上，"拔尖计划"的课程体系以因材施教为基本原则，特别注重课程的个性化和挑战性。

1. 增加课程的个性化

为了构建适合拔尖学生的新型课程体系和培养方案，"拔尖计划"力求在全面培养的基础上，坚持因材施教、个性化培养的教育宗旨，对原有的课程体系进行了一系列重大改革。例如，清华大学数学班鼓励学生根据自己的兴趣组织不同方向的研讨班；钱学森力学班对课程体系做了进一步优化，除重点建设课程和人文社会科学基础课程以外，多数模块中的课程均增加了可供选择的课程，进一步增加了课程的灵活度，降低了学分的要求：一方面降低了课程总学分的要求，另一方面降低了各课程模块刚性学分的要求，从而增加了学生自主学习空间。

2. 突出课程的挑战性

为了促进入选"拔尖计划"学生的深度学习，充分激发同学们的学习热情，"拔尖计划"特别注重突出课程的挑战性。

（1）在原有课程基础上，提高课程难度与要求。为了突出"拔尖计划"不同于一般的学生培养，"拔尖计划"实施高等学校在原有课程安排的基础上，针对"拔尖计划"实验项目的学生的特点，提升了课程难度与要求。例如，北京师范大学提高了"拔尖计划"中数理基础课程、生化基础课程，以及新生探讨课和学科前沿课的难度和要求。

（2）对照世界一流大学的课程难度进行课程改革。为了促进入选

"拔尖计划"学生的深度学习，充分激发入选学生的学习热情，"拔尖计划"参照国外一流大学的课程设置，在面向入选学生的课程中开设了具有挑战性的相关课程，不同高校的做法各具特色。北京航空航天大学计算机专业参照加州大学伯克利分校计算机专业课程体系，设置了以"系统能力"和"软件能力"为主题的课程群。"系统能力"课程群包含计算机组成、操作系统、编译技术等课程，"软件能力"课程群包含数据结构、面向对象、算法设计、软件工程等课程。北京航空航天大学经过对传统课程的优化重构，逐步打造了以"小而精、知识面宽、试验综合"为特点的课程体系。哈尔滨工业大学将自己的课程与斯坦福大学同类课程进行对比后发现，原有实验课的难度、工作量和创新性都只达到了斯坦福大学同类课程的40%，因而改进了原有实验课，开发了2个创新性实验，使其达到了斯坦福大学相同课程难度的80%。中国科学技术大学参照国外一流大学荣誉课程和荣誉学位的经验，在该校一些英才班开设了独有的荣誉（H）课程体系，该课程比普通班级课程更具难度和深度。

（3）引进跨学科课程。在对入选"拔尖计划"的学生进行培养时，注重引进跨学科交叉理念，开设跨学科课程，采取相关举措鼓励学生修读跨学科课程。例如，北京师范大学要求化学实验班修读不少于20学分的高等数学和统计类课程；中国科学院大学鼓励学有余力的学生在修读主修专业外，辅修其他专业课程，还可以通过"任意专业选修课"从其他专业及研究生类课程中修读课程。

（三）基于创新开展多层次的科研实践训练

为了激发拔尖学生的创新能力，"拔尖计划1.0"对学生的研究训练贯穿整个本科学习阶段，形成了包括开展研究、实验实践、毕业设计的多层次科研训练体系。

1. 促进创新能力的科研训练

为了培养学生的科研意识，提升创新能力，高等学校的普遍做法是在本科学习阶段设立专门的科研基金，鼓励学生参与科研项目和科技创新活动。为了突出对拔尖学生创新能力的培养，"拔尖计划"在原有相关做法基础上，采取以下方法深化拔尖学生的科研培养。

（1）提供全方位科研训练平台。为了全面系统培养学生的科研素质，部分高校构建了循序渐进的科研训练平台。例如，清华大学物理班建立冷原子物理、量子输运、量子计算、功能薄膜、角分辨光电子谱、电子动量谱6个"清华学堂物理班科研实践基地"，为学生提供自主科研探索的实验平台；厦门大学构建了包括文献检索、项目申请、实验方案设计、科研能力、论文撰写、学术交流表达的阶梯式科研训练平台，全方位地培养拔尖学生的科研素质。

（2）加强课题研究的难度。科研能力培养，主要通过毕业论文/设计等方式来体现。部分"拔尖计划"实施高等学校在毕业论文/设计环节提出了更高要求。例如，清华学堂生命科学实验班的学生，在进入大三之后依托生命科学学院和医学院的实验室，独立开展课题研究，用英文撰写研究计划，用英文进行答辩。在毕业前夕的学术年会上，毕业班同学还需提交用英文撰写的学术论文。

（3）延长进实验室从事科研的时间。为了提升入选"拔尖计划"学生的科研能力，不少实施"拔尖计划"的高等学校延长拔尖学生从事科学研究的时间。例如，清华大学物理班的学生从大二起可以从本校物理系、工程物理系、高等研究院，中国科学院，北京大学等校内外研究机构自主选择导师参加科研训练；上海交通大学"拔尖计划"学生从大二开始进入实验室，持续科研活动至完成毕业论文，到毕业时每个学生拥有至少3年的科研经历；北京航空航天大学计算机专业在全校范围内率先实施将本科生毕业设计从一个学期延长至一个学年，三年级本科生进入基地参与科研训练，四年级本科生在基地依托各类国家级科研课题和工程项目开展本科毕业论文撰写。

2. 开设循序渐进的实验实践课程

为了增强学生理论与实践相结合的能力，增强学生的动手操作能力，高等学校的普遍做法是在理论知识学习课程之外，开设实验实践课程，帮助学生拥有实操经历，夯实实验基础，提高专业实验技能。为了进一步提高入选"拔尖计划"学生的实验实践能力，"拔尖计划"实施高等学校进行了如下改进。

（1）实行科研引领实验教学的理念。北京大学物理学院改变对实验课程的定位，使之由"验证物理规律、培养动手能力"的课程转变为"以实验为手段进行物理研究"的课程，建立"科研引领实验教学"理念，实施"科研模式"的实验教学方法，运用科研力量积极加强仪器设备研制和开发，及时更新实验教学的设备和内容。清华大学化学学堂班首席教授张希院士带领团队成员精心设计，开设了加强前沿、交叉学科的"超分子化学"等系列课程，课程全部由获得国家杰出青年科学基金获得者授课；设立"创新研究计划"，建设高分子化学、化学生物学、计算化学等实验室，开设探索性实验课程。

（2）加强实验实践课程的连续性和相关性。上海交通大学于2018年建成致远学院学生创新实践平台，设置"自由探索实验课""高级模拟项目实验""致远学者项目"，构成渐次递进的实验课程体系。北京师范大学生物实验班以生物学实验技术与方法为主线，重构了实验课程体系，设计"生物学综合实验Ⅰ、Ⅱ、Ⅲ、Ⅳ"，保证学生循序渐进地进入科研世界。

（四）突出互动的教学方法，促进学生自主性学习

"拔尖计划1.0"鼓励教师灵活运用能激发学生主观能动性的教学方法，以此提升教学的有效性。

1. 采用以讨论为核心的小班化教学方式

采用小班化、研讨性的教学方式，为拔尖学生的学习提供更多讨论空间，从而调动学生的学习积极性与主动性。例如，北京大学、清华大学在低年级采用"大班授课+小班讨论"的方式，在高年级开展专业课的学科前沿讨论班和大师讨论班。山东大学泰山学堂有5~6人的小班讨论课、15~18人的专业课和30人左右的平台课。中山大学的核心专属课程，明确规定选修人数不超过15人，非互动教学时间不超过整体教学时间的 1/3，每门课程跨学科选修人数不低于选修此课程总人数的 1/3，鼓励本科生接触不同学科，形成实质性的学科交叉互动。

2. 推行互动式教学方法促进学生自主学习

在面向入选"拔尖计划"学生的课程中，教师广泛推行互动式的教学方法，增加开放、互动的学习形式，促进学生的自主学习能力。在小组报告和探究性学习等互动教学过程中，学生自主思考课程的基本问题和核心概念，不仅培养了学生的逻辑思维能力，专题调研能力，学术表达能力，讨论、分析和研究问题的能力，还培养了学生的团队合作精神。课堂教学效果随之得到很大改善。例如，南京大学推出新型课程，广泛推行研讨式、互动式教学，增加了开放、研讨类课题与系统实现类项目，在分析和解决问题过程中，引导学生探求未知领域。复旦大学的讨论课要求同学们轮流上台讲解，接受和回应教师与其他同学提出的问题。山东大学运用任务驱动法，开展"头脑风暴式"讨论，增加教师与学生的互动，激发学生自主学习热情。

3. 运用在线技术提升教学效果

2013 年，清华大学开放"学堂在线"，这是第一个服务小规模、个性化受众的在线教育中文平台，为教师开展灵活教学、学生自主学习提供了技术支持。例如，在清华大学使用较为广泛的，基于慕课（Massive Open Online Courses，MOOC）、小规模限制性在线课程（Small Private Online Course，SPOC）① 的混合教学形式；南开大学搭建了国内首家基于现代技术的主动学习（Technology Enabled Active Learning）教室，用于开展师生互动、同伴讨论、随堂实验和网上学习等，使学生的主动参与感得到提高；中国科学院大学负责"计算机组成原理"课程的老师充分利用中国科学院计算技术研究所的科研资源，研制了一款基于多核片上系统（Multiprocessor System on a Chip，MPSOC）可编程（Field-

---

① SPOC 是 Small Private Online Course 的缩写，是指小规模限制性在线课程。Small Private Online Course 中的 Small 和 Private 是相对于 MOOC 中的 Massive 和 Open 而言，是指学生规模一般在几十人到几百人，对学生设置限制性准入条件的课程。

Programmable Gate Array，EPGA）芯片的科研教学云平台（ZyForce），支持学生随时随地接入互联网，为学生开展实验提供了方便。

（五）推行教学和研究全覆盖的国际交流

"拔尖计划1.0"实施以来，试点高等学校一直积极拓展与国际一流大学的合作，搭建多元化的国际学术交流平台。

1. "请进来"——国际学者参与人才培养全过程

"拔尖计划1.0"通过与国际一流高等学校的合作，积极引进优秀师资参与拔尖学生的培养，在授课、讲座和国际合作上形成了多方位的深度合作。

（1）授课。"拔尖计划"实施高等学校开设了一批国际知名学者讲授的课程，拓展了学生的学术视野，培养了学生的科学素养与思维。例如，南京大学天文学院邀请国外教授直接为本科生授课，开设日震学、恒星、星系与宇宙学、磁流体力学波与振荡、行星形成与系外行星、天体物理中的输运过程、黑洞天体物理、天体物理中的磁流体力学波等课程，极大地丰富了南京大学天文学专业的课程体系，同时南京大学将部分课程整理制作成影像，作为永久教学资源使用。

（2）开设讲座。"拔尖计划"实施高等学校积极邀请国际学者来华为学生开设讲座，讲座学者包括国外大学知名教授、诺贝尔奖获奖者、其他国际学术大奖的获奖者。例如，清华大学计算机科学实验班开设"图灵讲座""素质教育讲座"等备受学生欢迎的系列讲座，不仅增加了学生的科研意识，提升了学生参与科研的主动性，还促进了学生建立以科学研究为业的人生目标。

（3）联合培养。"拔尖计划"不断在人才培养方面探索国际合作的新模式，包括增加合作院校数量、在人才培养方面进行深度合作。例如，哈尔滨工业大学计算机学科与国际知名大学或企业共建课程；中国科学院大学生命科学学院邀请美国得克萨斯西南医学中心知名教授在华期间，担任2014级本科生指导教师。

2. "走出去"——到顶尖大学交流学习与研究

"拔尖计划"鼓励学生到国外知名大学学习课程、交流学习和从事相关研究，了解国际学术最新动向，丰富科研视野，提升创新能力。

（1）海外研修。很多学生进入国际一流大学或实验室，接受科研训练。例如，清华大学计算机科学实验班依托与麻省理工学院等世界一流大学建立联合中心平台，以及与加州大学伯克利分校共建的 Simons 研究院，打造了拥有国际先进水平、前沿学术动向、鼓励本科生挑战科研的学术环境。中山大学逸仙学院分期分批将学生送到国外一流大学顶尖实验室开展交流和培训。西安交通大学与麻省理工学院、加州大学伯克利分校等知名学府签订了联合培养协议，每年选派 1~2 名学生进行一学期以上的互认课程学习和科研合作交流。复旦大学的拔尖优秀学生会前往世界顶尖实验室开展为期 3 个月的科研训练，有些学生还会有幸在诺贝尔奖获得者的指导下开展研究。上海交通大学致远学院设立专门境外研修奖学金，用以补贴学生们的生活费和旅费，鼓励学生赴境外一流大学、科研机构从事至少 1 个月的科研实习或开展毕业设计。

（2）短期交流。"拔尖计划"还通过与国外大学开展合作，选送学生参加短期交流。例如，北京大学环境科学与工程学院每年暑期都会开展"北京—哥本哈根城市挑战计划"，8~10 名本科生参与该项目，开展环境学科学术交流；另外，每年还遴选约 20 名本科生赴佐治亚理工学院、墨尔本大学等学校开展暑期科研训练与学术交流。

（六）延请学术造诣高的一流学者参与学生的培养

1. 一流师资积极参与学生培养过程

"拔尖计划 1.0"为学生培养配备了一流师资，各类教师都积极参与"拔尖计划"的人才培养。清华大学"学堂计划"从设立之初便提出以拔尖人才培养未来的拔尖人才。学校分别设立"清华学堂首席教授"和"清华学堂项目主任"岗位，聘请著名数学家、菲尔兹奖和沃尔夫奖获得者丘成桐，中国科学院院士朱邦芬，中国科学院院士张希，中国科学院院士施一公，中国科学院院士姚期智，时任长江学者特聘教授郑泉水（2019 年入选中国科学院院士），知名文科学者颜海平教授等顶尖专家担任班级首席教授。邀请知名学者、优秀教师和社会杰出人士担任学生导师。聘请在专业领域权威的科学家指导"拔尖计划"的实施。近 10 年来，有 400 余位国内外相关领域专家参与学堂班课程讲授或进行学术讲座，其中不乏诺贝尔奖获得者、美国科学院院士、中国科学院院士等资深学者。

20 所高等学校不同职称类型的教师参与拔尖人才培养的情况，主要有三个特点：（1）教师参与拔尖学生培养的形式多样化。（2）无论是在哪一种形式上，教授的参与度都最高；博士、助理教授、助理研究员参与度较低；院士主要为学生开展讲座。（3）每所学校教师参与情况呈现不同情况，有的以教授参与授课为主，有的以教授开设讲座为主，有的以教授参与指导学生等其他人才培养形式为主。

2. 一流师资与学生共同成长

为了给予学生充分引导，学校实施导师制，给拔尖学生配备导师。依据配备导师人数和职责不同，导师划分为如下几种类型：导师制、双导师制、多导师制、集体导师制。例如，浙江大学充分依托"一流大学名师汇聚计划"及"一流学科伙伴计划"，积极探索"国内导师+国外导师"1+1 的导师组模式，为拔尖学生毕业实习做好准备，同时也为博士阶段联合培养项目等提前铺垫。武汉大学弘毅学堂为每 20 名学生配备一名"学业导师"，具体指导专业和课程选择、职业规划等；从二年级开始为每名学生配备一名"学术导师"，具体指导其研究训练。

导师的作用主要体现在：（1）引导学生为研究做准备。在学习过程中，导师会指导学生的学术规范及学术研究，指导课程选修、专业选择等有关学习和研究方面的问题，逐步鼓励学生确立以学术研究为目标。（2）关注学生个人发展。在日常生活中，导师会关注学生的心理健康和思想动态，与学生共同成长。（3）言传身教。导师制使一流师资的学识素养和人格魅力潜移默化地影响优秀学生，通过导师的言传身教完善对学生的人格培养。

（七）经费支出以学生学习和师资建设为核心

从各校数据看，截至 2017 年，各校"拔尖计划"经费投入主要分为四个方面：（1）聘请一流师资；（2）学生学习投入；（3）营造学术环境和氛围；（4）其他。

整体来看，投入的经费大部分用于"学生学习投入"，其次是"聘请一流师资"，"营造学术环境和氛围"的投入相对少一些。各校"其他"投入中名目繁多，以"设立奖学金"，购买"试验设备"等为主。可见，开展近10年的"拔尖计划"，一直把核心放在了"聘请一流师资"和"学生学习投入"两方面。

从"拔尖计划"经费分配看，各校在实施中，对于"国际化交流""学生科研训练"等方面给予了很大支持。在师资建设方面，"拔尖计划"立足和发挥本校优势，对本校师资建设和学生培养给予大力支持。

四　"拔尖计划1.0"的培养成效[①]

（一）"拔尖计划1.0"毕业生去向以继续学术深造为主

从毕业去向来看，目前各个学校参与"拔尖计划"的学生，本科之后基本都选择继续学习深造。仅有较少部分"拔尖学生"选择就业。这反映出"拔尖计划"人才培养的目标与定位，即以培养有志于从事科学研究，尤其是基础学科研究的学术型人才的初衷。

由于目前暂没收集"拔尖计划"学生长期追踪数据，因此，究竟有多少人最终选择从事基础学科学术研究，将科学研究作为毕生职业和追求，尚需更多证据予以确认。

（二）"拔尖计划"试点高等学校学生综合获奖情况良好

学生获得各级各类奖励的情况，很大程度上反映了各试点高等学校"拔尖计划"学生培养过程中学生的学习成效。在参与"拔尖计划"的试点高等学校中，南京大学进入"拔尖计划"培养的学生所获各项奖励（3111项）最多，其次是清华大学（1412项），北京大学（1024项）排在第三位（见图2-1）。

---

① 本节关于"拔尖计划1.0"培养成效的分析，是基于20所参与高等学校提供的自评报告和相关数据。

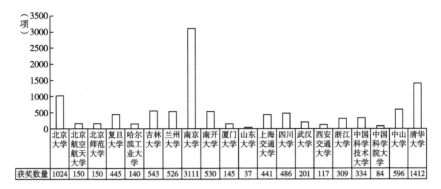

图 2-1 "拔尖计划 1.0"试点高校学生获奖情况

说明：根据各试点高校 2018 年申报数据汇总整理。由于各校所设奖励类别以及统计口径不一，因此根据各校关于"学生在学期间的获奖情况"的申报数据整理而成。

进一步计算各试点高等学校人均获奖数可见，中山大学（3.153次）、南京大学（2.485 次）、四川大学（2.271 次）、北京大学（1.832次）和清华大学（1.53 次）的学生人均获奖均超过 1.5 次。武汉大学（0.47 次）、山东大学（0.378 次）、西安交通大学（0.377 次）、中国科学技术大学（0.349 次）的学生人均获奖不足 0.5 次，与"拔尖计划"其他学校相比，人均获奖次数较低（见图 2-2）。

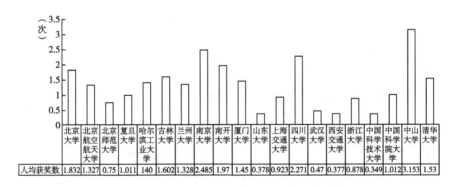

图 2-2 "拔尖计划 1.0"试点高校人均获奖情况

说明：根据各试点高校的"学生在学期间的获奖情况"的申报数据整理。

（三）"拔尖计划"学生所获专利情况

专利成果一定程度上体现出各试点高等学校"拔尖计划"人才培养过程中，对于学生创新能力的引导与培养。就目前已有数据分析来看，各校都非常重视对学生创造力的培养，其中，清华大学"拔尖计划"学生申请专利15项，授权23项，总计38项，远领先于其他高校学生专利申请状况；浙江大学、西安交通大学"拔尖计划"学生申请并获专利总计均为14项；北京大学"拔尖计划"学生申请并获专利总计11项（见图2-3）。

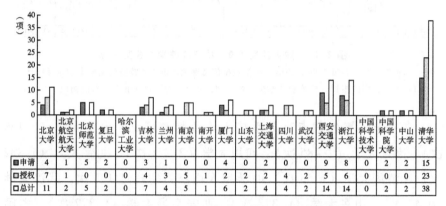

	北京大学	北京航空航天大学	北京师范大学	复旦大学	哈尔滨工业大学	吉林大学	兰州大学	南京大学	南开大学	厦门大学	山东大学	上海交通大学	四川大学	武汉大学	西安交通大学	浙江大学	中国科学技术大学	中国科学院大学	中山大学	清华大学
■申请	4	1	5	2	0	3	1	0	0	4	0	2	0	0	9	8	0	2	2	15
□授权	7	1	0	0	0	4	3	5	1	2	2	2	4	2	5	6	0	0	0	23
□总计	11	2	5	2	0	7	4	5	1	6	2	4	2	4	14	14	0	2	2	38

图2-3 "拔尖计划1.0"试点高校学生申请和授予专利情况

说明：根据2018年各试点高校申报数据汇总整理。

（四）"拔尖计划"本科生成为学术研究生力军

"拔尖计划"旨在培养优秀的学生从事科学研究，并将学术探索和创新研究作为毕生职业追求。为此，"拔尖计划"在实施过程中，对于本科学生的培养以"学术研究"为导向，强调学生的学术训练、学术探究能力及学术沟通能力的培养。这一培养模式的成效如何？除了各级各类获奖、申请专利情况外，学生的学术成果发表情况具有相当的说服力，是学生学术能力体现的一个重要指标。论文的发表也是各试点高等学校展示学术成果的形式之一。"拔尖计划"入选学生在本科就学期间参与了大量学术研究和论文发表，这些学术成果中，不乏较高比例的高水平（SCI）论文。在这些学术成果中，有相当比例的"拔尖计划"学生以"第一作者"身份进行学术发表。换句话说，各校"拔尖计划"入选学生在本科期间都实际参与到了科研过程中，并且开始成为学术研究和知识创造的生力军。

1. 各校"拔尖计划"学生学术成果发表的数量和质量呈现出不同特征

具体来看，就各校"拔尖计划"学生学术成果发表的数量看，北京大学（465篇）、南京大学（404篇）、清华大学（345篇）、浙江大学（183篇）、复旦大学（175篇）的"拔尖计划"入选学生学术成果总发表量较高（见图2-4）。

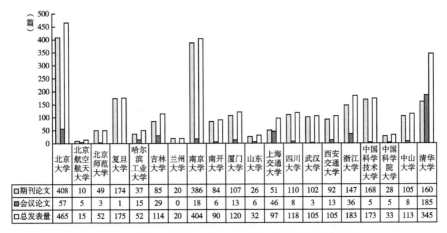

	北京大学	北京航空航天大学	北京师范大学	复旦大学	哈尔滨工业大学	吉林大学	兰州大学	南京大学	南开大学	厦门大学	山东大学	上海交通大学	四川大学	武汉大学	西安交通大学	浙江大学	中国科学技术大学	中国科学院大学	中山大学	清华大学
期刊论文	408	10	49	174	37	85	20	386	84	107	26	51	110	102	92	147	168	28	105	160
会议论文	57	5	3	1	15	29	0	18	6	13	6	46	8	3	13	36	5	5	8	185
总发表量	465	15	52	175	52	114	20	404	90	120	32	97	118	105	105	183	173	33	113	345

图2-4　"拔尖计划1.0"试点高校学生论文发表情况

说明：根据2018年各试点高校申报数据汇总整理。

各校学生所发表学术成果中也包含相当数量的高水平（SCI）论文，其中北京大学（388篇）、南京大学（255篇）、清华大学（251篇）和中国科学技术大学（167篇）的"拔尖计划"入选学生高水平（SCI）论文发表数量较多。

在所有学术发表中，"拔尖计划"入选学生以第一作者身份进行学术发表的也占相当数量，其中，北京大学（165篇）、清华大学（150篇）、南京大学（74篇）、复旦大学（68篇）、浙江大学（57篇）等校"拔尖计划"入选学生以第一作者身份进行学术发表数量较高（见图2-6）。

结合论文发表量（期刊发表量、会议发表量、SCI发表量、第一作者发表量）和SCI和第一作者人均发表比例进行分层聚类分析（Hieraichical Cluster Analysis）探索发现，参与"拔尖计划"入选学生论文发表在数量和质量上大致呈现以下四个聚类高等学校：第一类高校包括北京大

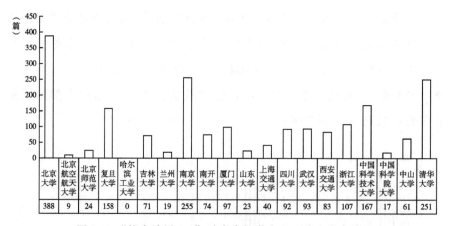

图 2-5 "拔尖计划 1.0"试点高校学生 SCI 论文发表情况
说明：根据 2018 年各试点高校申报数据汇总整理。

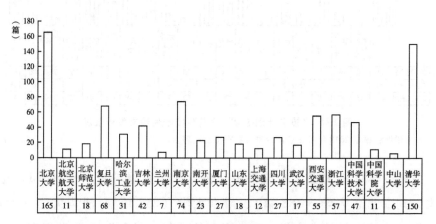

图 2-6 "拔尖计划 1.0"试点高校学生以第一作者身份发表论文情况
说明：根据 2018 年各试点高校申报数据汇总整理。

学、清华大学、南京大学，占比 15%；第二类高校包括复旦大学、浙江大学、中国科学技术大学、厦门大学、吉林大学、四川大学、武汉大学、西安交大、南开大学、兰州大学，占比 50%；第三类高校包括北京师范大学、上海交通大学、中山大学、中国科学院大学，占比 20%；第四类高校包括北京航空航天大学、哈尔滨工业大学、山东大学，占比 15%

进一步对"拔尖计划"入选学生论文发表情况分层聚类分析的标准化平均数、标准差及平均数差异进行显著性检验（见表 2-1）发现：

第一聚类高等学校"拔尖计划"入选学生论文发表在数量和质量上都远远领先于其他高等学校，呈现"双高"趋势。"拔尖计划"入选学生参与学术研究及成果发表似乎已经不再是"新鲜事"，相当数量的学生担任了研究成果的"第一作者"。这从一个侧面反映出在这类高等学校中，"拔尖计划"入选学生已经广泛的融入学术研究话语体系中。第二聚类高等学校尽管"拔尖计划"学生的论文发表数量相较第一类高校学生发表数较少，但 SCI 论文发表量领先于第三类、第四类高校学生论文发表量（$P<0.05$）。不仅如此，这类高等学校"拔尖计划"入选学生 SCI 论文人均发表率明显优于其他三类高等学校（$P<0.01$）。这反映出这类高等学校"拔尖计划"入选学生论文发表"数量稍逊、质量高"的特点。第三聚类高等学校，"拔尖计划"入选学生论文发表的相对数量和人均数量相较逊色，反映出论文发表在数量和质量相较第一、第二类高等学校学生论文发表情况表现逊色。第四聚类高校"拔尖计划"学生的论文发表数量和质量均表现逊色。值得注意的是，在这类高校中，与第一、第二和第三类高等学校学生人均第一作者发表比例相比，这类高等学校该指标表现较为突出（$P<0.01$）。这反映出在这类高校中，尽管学术发表数量和质量均有局限，但不乏少部分学生已经深度参与到某些学术研究过程中，承担重要角色，并对学术发表有一定贡献。

表 2-1　"拔尖计划 1.0"高等学校学生论文发表情况分层聚类分析的平均数显著性检验

指标变量	大学聚类 1	大学聚类 2	大学聚类 3	大学聚类 4
期刊论文发表	1.86（1.27）***	-0.079（0.42）	-0.55（0.30）	-0.86（0.13）
会议论文发表	1.54（2.12）*	-0.28（0.29）	-0.18（0.50）	-0.35（0.13）
SCI 发表	1.98（0.78）***	0.05（0.43）*	-0.66（0.20）	-0.91（0.12）
第一作者发表	1.96（1.11）***	-0.14（0.45）	-0.72（0.11）	-0.53（0.23）
SCI 人均发表率	0.24（0.45）	0.59（0.56）**	-0.86（0.25）	-1.05（1.69）
第一作者人均发表率	-0.10（0.76）	-0.19（0.62）	-0.75（0.88）	1.72（0.54）**

说明：* $P<0.05$，** $P<0.01$，*** $P<0.001$。根据 2018 年各高等学校申报数据汇总整理。

2. 学术成果发表量呈现增长态势

将"拔尖计划"各校入选学生的学术发表按时间（年份）进行纵向分析发现，各校学生学术发表呈现逐年递增趋势。就目前的统计数据来看，多数"拔尖计划"试点高等学校学生学术论文发表数量在2015年、2016年出现"小高峰"。这从一个侧面反映出"拔尖计划"政策的效应在政策开展4~5年之后逐渐有所展现。

3. 学术成果发表以期刊论文为主

就所发表学术论文类型来看，以会议论文和期刊论文为主。就期刊论文发表量来看，北京大学、南京大学、清华大学、复旦大学和中国科学技术大学的期刊论文发表量均呈现上涨趋势，并在2014年、2015年和2016年呈现大幅度增长的趋势。

相比期刊论文发表，各校顶级会议论文的发表量较少。就各校顶级会议论文发表量来看，参与"拔尖计划"的清华大学学生的发表量遥遥领先其他学校。除清华大学外，其他高等学校"拔尖计划"入选学生会议论文发表量普遍较小。这有可能和多方面的因素有关系，例如学校政策导向，研究经费是否对学生参与学术会议有所支持，学校学习氛围构建上是否对学生学习个性、学术自信、学术交往意识等有所强调等。某种程度上说，顶级会议论文发表也是年轻学者的成长、融入学术圈、与成熟学人在一起交流沟通的过程。适度鼓励"拔尖计划"入选学生参与学术会议并发表论文，也是培养年轻学者学术沟通能力、领导力的有力途径。

第三章
我国工科本科拔尖创新
人才培养的探索

一 新时期工科领域拔尖创新人才培养的挑战

（一）新时期对工程拔尖创新人才培养提出高要求

《中国工程教育质量报告》显示，行业组织认为工科毕业生需要改善的方面，包括在国际环境中拥有竞争力、在企业环境中拥有经营和管理的能力、在学科专业领域能够融会贯通知识的能力；用人单位则认为工科毕业生需要多锻炼和提升实际的动手能力。[①]工业的创新发展和国际化趋势对工科拔尖创新人才在诸多方面提出了更高要求。

1. 传统工科专业亟须改造升级

在新的科技发展背景下，"许多学科之间已失去原有的严格界限，变得你中有我，我中有你，这就要求当代和未来人既专精于某一学科，又有宽厚扎实的人文、社会和自然科学的基础知识"（朱镜人，2018）。为了主动布局未来战略必争领域，需要转变传统的教育思维模式，重新设计育人方案，聚焦未来科技和产业发展需求，与时俱进地培养人才。

2. 社会发展对工程科技人才的综合素质提出更高要求

工程是人类改造自然世界的活动，工程实践活动需要综合考虑自

[①] 《第一份〈中国工程教育质量报告〉"问世"》，2020 年 12 月 30 日，http：//www.moe. gov.cn/jyb_xwfb/gzdt_gzdt/s5987/201411/t20141113_178168.html。

然、经济、社会、政治等方面因素。在可持续发展背景下，以往"狭窄于技术的工程教育"向"综合工程教育"转变，这就急切需要通过通识教育来增强工科生的非专业能力，使工科生成为一个"全人"（范惠明、周玲，2019）。

3. 工程拔尖创新人才培养需符合新时期发展要求

新时期对工程科技人才培养需围绕总体要求进行，即"坚持中国特色社会主义教育发展道路，培养德智体美劳全面发展的社会主义建设者和接班人"[①]。以往工程科技人才培养更多围绕"智"进行，强调对工科学生专业知识和能力的培养，其他方面则缺乏相应的具体培养目标和举措（范惠明、周玲，2019）。此外，"中国制造 2025""互联网+"等重大战略也对工程拔尖创新人才提出更高要求。

（二）工程教育在拔尖创新人才培养上准备不足

工程教育的改革，是我国实施创新驱动发展战略、人才强国战略的重要支撑。培养工科拔尖创新人才，能为建设国家创新体系、加快建设科技强国提供有力支撑。然而，面对经济和社会可持续发展的需求，面对新时期产业的转型和升级，我国工科人才培养主要还存在以下两方面不足。

1. 产业界参与工科人才培养缺乏深度和广度

为了推动工程科技人才培养模式从注重传统的专业化训练向真正强调综合能力的通专结合的教育模式转变，培养学生成为既具备专业基础知识，又了解和具备一定一线工程经验的复合型人才，必须进一步积极调动和匹配社会各方资源，将产业界这一要素深度融入工程科技人才培养中，不断尝试和摸索工程科技人才培养路径和方法。

2. 通识教育与工程本科教育相融合具有难度

20 世纪 70 年代开始，我国高等学校的工科本科教育就一直非常关注通专融合问题，但一些难以突破和解决的问题，使得通识教育与本科

---

① 《坚持中国特色社会主义教育发展道路　培养德智体美劳全面发展的社会主义建设者和接班人》，2020 年 12 月 30 日，http://www.moe.gov.cn/jyb_xwfb/s6052/moe_838/201809/t20180910_348145.html。

工程教育相融合具有难度。第一，通专融合的课程体系仍需在宽度和深度兼顾方面改进。课程挑战性与对通识能力重视程度不成正比，且课程开设较随意。第二，服务培养学生通识能力的校园内部资源的整合性不高，致使大学校园通专融合氛围和设施不足。例如，大学校园中支持学生提高通识能力的写作中心、语言中心等机构比较稀缺。

新时期，为应对科技和产业革命挑战、服务国家重大发展战略，我国教育界做出了诸多探索以期培养出符合时代需求的工程科技人才，以及能为国家和产业发展带来活力的工程拔尖创新人才。本章对近年来为了提升产业界在工科拔尖创新人才培养中的参与程度、增强通识教育在工程教育中的融合程度，我国教育界开展的四方面举措进行论述，以此考察我国在工科拔尖创新人才培养上的进展与不足。

二　以通专融合教育作为工科人才培养之基

（一）融合通识教育是工科人才培养的必然趋势

正如中国工程院原副院长朱高峰院士所言，工程教育的性质和目标任务是专业教育，应强调做人做事的辩证统一，因此并不否定通识教育的理念（朱高峰，2011）。通识教育是培养工科学生创造性的基石与来源。本科教育阶段的通识教育有助于工科学生获得日后工作或进行创造性活动所依赖的知识结构、伦理道德修养、情感和意志、社会责任和使命感。通过严密的逻辑思维学习和训练，可使工科学生具有运用所学分析、定位和解决问题的能力。这与《哈佛通识教育红皮书》（以下简称"红皮书"）中提出的高等教育应该致力于培养"成人"（manhood）的理念不谋而合，不仅要使学生学会"做事"（to do），更重要的是要使学生学会"做人"（to be）。"红皮书"主张大学的理念应当是追求真理，应该在尊重规律和逻辑的基础上寻求发展。大学既要通过开展专业教育传授给学生学科专业的相关知识、技能和能力，也要通过提供通识教育促进学生全面发展并达到综合素质的提升，由此探索和实现大学教育中通识与专识的融合。"红皮书"指出，专业教育和通识教育是一个人所受教育的两个方面，两者融合是高等教育的理念和目标。"红皮书"认为由于通识教育的目标是培养"全人"，因此不局限于一时一地，而是贯穿于一个人成长的不同阶段。

但是，目前通识教育在我国大学内部遇到理念构建、嵌入、制度化保障等"尴尬"处境，在工科本科教育中更缺乏深度融合。在教育研究领域，关于什么是大学通识教育这一核心问题，仍未形成共识，尤其是分专业讨论的通识教育理念与内容更是少之又少。对于工科专业如何进行通识教育实践，其理念与课程设置也少有讨论，需突破教育学单一学科的藩篱，针对工程学科拔尖创新人才培养展开进一步研究。

世界一流大学在教育改革实践中普遍致力于实现通专融合的理念。有学者整理并论述了美国的六种通识教育课程模式，分别是：起源于欧洲大学的古典自由教育课程实践模式；起源于美国大学，学生在所提供的一系列课程中按要求选修的自由选修课程实践模式；采用一套主修与兼修并用的必修课程实践模式；起源于芝加哥大学的围绕西方经典名著展开的课程实践模式；兼具自由选修和集中分配特点的核心课程实践模式；将相互联系的学科内容进行匹配混合并以主题联结形式展开的课程实践模式（常甜、马早明，2014）。

哈佛大学的通识教育改革一直受到高等教育学界的关注。李曼丽（2018）结合哈佛大学在 1945 年、1978 年的两次通识教育改革，探讨了哈佛大学 2007 年发布的《哈佛大学通识教育改革方案》（Report of the Task Force on General Education 2007）及其实施效果。该方案提出如下建议：去除原本全体本科生都被要求必须修读的课程内容，增加更多可自由选择的通识教育课程；提供能够改善师生之间互动的小班课；帮助人文社会科学专业的学生学习更多关于科学方面的知识内容；为本科生提供前往其他世界知名大学交流访学的机会；帮助学生获得书面写作和口头表达方面的学习机会。

20 世纪末，美国工程教育学界就提出，工程教育不能受到"狭窄于技术""技术上狭窄"的限制和约束，要冲出"唯科学独尊"的束缚

（顾建民、王沛民，1996）。作为工程教育的世界顶尖学府，麻省理工学院自 20 世纪 80 年代以来实行文理结合的课程设置，在通识教育课程中，一般会对数学、科学、人文社会科学等多元类型的课程作出相同比例的规定和要求，以此加强对学生人文素养和领导才能的培养（别敦荣、李晓婷，2011）。经过多年探索，麻省理工学院形成了有特色的通识教育，从个人、社会和文化层面上提供了一种宽广教育，以帮助学生更好地联系和理解自己所处环境，以定性和定量的方法提高学生分析问题和创新的能力，提高自我知识更新的能力，帮助学生建立个人价值信念（余凯，2002）。

欧洲大学拥有悠久的历史和传统，其独特的通识教育也受到学界和社会的关注。易红郡（2012）分析了以专业教育形式实现通识教育理念的英国大学的课程设计，其通识教育理念在不同时间段、不同类型课程的培养目标、内容计划、考核要求等方面都有全方位的体现。其实施路径包括设置学科群，把文科与理科课程结合起来，要求学生学习西方文化遗产、现代社会和实验科学等课程；开设跨学科课程，避免过分专业化，拓宽学生的基础知识；设置联合专业，如双科专业、三科专业和主辅修专业。王世岳、张红霞（2018）分析了德国通识教育的发展历程，指出德国在二战后非常重视通识教育，特别是设立了为所有学生提供人文类知识课程的通识学院（studium general）。

日本的东京大学认为应当把专业教育与通识教育相互融合，而不是将通识教育看作是专业教育的"预科"，两者应共同实现培养学生成为具备独立思考能力、广阔视野，以及能负责地解决问题的人。通识教育应当从更宽广的视角理解知识的丰富与奥妙，养成良好的学习态度和批判性思考能力，培养学生的健全人格与智慧、创造性能力与素养，为将来专业知识学习培养正确的认知与思维方式（吴守蓉、郭晓凤、白石则彦，2016）。

（二）工程教育本科阶段融合通识教育的经验做法

在本科教育中充分体现通专融合的理念，也是我国很多学者的共识。顾建民、王沛民（1996）提出工科本科教育应该在提供广泛通识教育的基础上，为毕业生在工程职业方面做深入学习和准备。李曼丽（2000）提出如果高等教育在 4 年学习时间里只是围绕专业领域传授知识和技能，既不符合学生成长需要也不能满足社会发展需求，要为学生接下来的工作学习打下坚实基础，促进学生发展成为拥有持续学习能力、适应不断变化需求的人。还有学者提出，自然科学领域的通识教育课程的设计应兼顾三种理念：寻求发展理性和发扬人性的平衡、兼顾科学知识的发展规律与学生的兴趣、正确反映科学发展与社会发展的关系（冯惠敏、李姗霖、黄明东，2016）。

我国高等学校的通识教育改革经历了 30 年摸索和尝试，已取得多方面经验，包括借鉴国外高等学校通识教育理念，提出和深化本土化通识教育概念，设置丰富的通识教育课程，实施大类招生和培养以促进通专融合等。我国一流高等学校率先开展通识教育改革，例如清华大学和北京大学作为通识教育的领跑者，在 21 世纪初分别开始设置"文化素质核心课"和"素质教育通选课"，以培养学生在非专业领域的通识能力；时任华中理工大学（现华中科技大学）校长杨叔子先生，在工科大学中率先创办文科专业，并开展文化素质教育。

从培养目标出发，张亮（2014）认为我国高等学校需要培养具有"世界眼光、中国灵魂的现代公民"，培养的学生应当具有多元综合素质，例如批判性思维、职业伦理和道德修养、对个人及社会负责任的态度、坚实的理论基础、适应和应对变化与不确定的能力、无私奉献的精神等。

针对工程科技人才的通识教育，强调在工科生的专业能力培养之外，加强对工科生通识能力的培养。新时期要加强对学生"坚定的理想信念和正确的价值观""民族精神和家国情怀""文化自信和开阔胸襟"等的方面培养，以实现工科生在德智体美劳方面实现均衡发展，在未来的工作和职业发展中保持可持续发展，为国家发展做出更多的贡献（林琳，2018）。李曼丽（2006）通过对清华大学工业工程系的一些理工科课程进行参与式观察后发现，有些老师会有意识地在教学中体现出通专结合理念，在以项目为基础的教学中，既促进了学生的自主精神和问题解决能力以及综合素养的培养，又培养了学生的专业技能。郑泉水、白峰杉、苏芃等（2016）对清华大学在钱学森力学班本科荣誉学位项目上的实践经验进行了详细阐述和特点分析，该项目的突出特点之一是人文和综合贯通，始终坚持清华大学"数理基础扎实"的育人传统，同时设计构建体现文化素质教育、挑战性和自主选择特点的人文课程；在通用学士学位要求的基础上，清华大学对学生在知识融会贯通、自主学习、批判性思维、解决问题、创新精神等方面提出了更高要求。

通识教育嵌入中国大学教育体系中是一个相当复杂的系统性工程，而开展通识教育首先需要制定和实施相关制度，包括专业教育、学分管理、选修方法、课程衔接等诸多方面的具体设置和安排，以消除由于外部环境对通识教育带来的阻碍。我国通识教育虽然经历了跨越式发展，但仍面临诸多瓶颈，并和世界一流高等学校存在一定差距。未来，我国高等学校的通识教育需要进一步改进，并融入适合中国国情的大学体制环境中，因此一方面需要吸收世界一流大学在拔尖创新人才培养过程中的通识教育经验，另一方面也要融会贯通地开创出具有中国特色的大学通识教育体系（孟卫青、黄崴，2013）。

三　以"卓越计划"助力提高工科人才培养质量[①]

（一）"卓越工程师教育培养计划"的战略背景

在百年未有之大变局下，中国大学本科教育的改革与转型，是我国高等教育的重点工作。在这一历史背景下，自 2011 年起，教育部联合相关部委，先后实施"卓越工程师教育培养计划""卓越法律人才教育培养计划""卓越医生教育培养计划""卓越农林人才教育培养计划"

---

① 本部分内容是中国工程院咨询研究项目《我国工程科技人才通识教育发展战略研究》（课题编号：2018-XY-48）的阶段性成果，已发表相关论文（李越、李曼丽、乔伟峰等，2016），收录本书后内容略有修改。

等一系列人才培养计划。

在高等工程教育质量亟须提升的背景下，为了实现我国从工程教育大国向工程教育强国转型，经过研究和探索，推出了旨在培养创新能力强、适应社会经济发展需要的"卓越工程师教育培养计划"（以下简称"卓越计划"或"卓越计划 1.0"），希望该计划能起到引领性作用。[①]

（二）"卓越计划 1.0"的成效

1. 形成通用、行业和学校多层次人才培养标准

"卓越工程师教育培养计划"作为最早建立人才培养标准的计划，其标准体系由三个部分构成：通用标准、行业专业标准和学校专业标准。通用标准由中国工程院与教育部共同研究和设计，是指卓越工程人才培养需要完成的符合国家层面的内容要求；行业专业标准是由行业部门和教育部共同研究和设计，是指卓越工程人才需要达到的关于行业对相关专业人才的内容要求；学校专业标准是卓越工程人才需要完成的基于所在学校提出的具有特色的内容要求。三个标准相互联系，不可分割。"卓越计划"通用标准从工程师应具有的基本素质、工程意识、基础知识、专业知识、技术标准、政策法规、学习能力、思维能力、分析解决问题能力、创新意识和开发设计能力、创新开发和与自然和谐能力、管理和沟通合作能力、危机处理能力、领导意识、国际交流合作能力等方面对本科、硕士、博士层次的工程师后备人才提出了应达到的要求。参与"卓越计划"的高校不仅需要对所在学校的办学方向、社会服务对象有明确的目标定位，也要对所在学校的学科专业特色、学生来源及去向有清晰的研究和把握，精心遴选本校具有良好基础和行业背景的专业领域与人才培养层次参与"卓越计划"。"卓越计划"参与高等学校的学校专业标准，都以"卓越计划"的通用标准和行业专业标准为依据，既符合国家层面的要求，也面向行业发展需求，并兼有本学校的校情与特色（李越、李曼丽、乔伟峰等，2016）。

[①] 《关于实施卓越工程师教育培养计划的若干意见》，2020 年 12 月 30 日，http://www.moe.gov.cn/srcsite/A08/moe_742/s3860/201101/t20110108_115066.html。

2. 调动企业深度参与人才培养过程

以"卓越计划"为例，截至 2014 年，全国签约实施"卓越计划"的企业达到 10145 家，其中大型企业 5359 家，高新技术企业 4379 家（见表 3-1）。除了校企联合建立工程实践中心，企业和高校还在教学任务、培养方案等方面紧密合作。在课程内容和教学方案中，企业与高校进行资源整合，共同参与"卓越计划"专业培养方案的设计，共同对课程内容、实践项目和流程进行讨论与建设，不断优化各个学校的工程教育课程安排；同时基于每所学校不同校情和学科专业动向，制定和实施具有分类特色的工程教育实践教育教学体系（王孙禺、谢喆平、张羽等，2016）。借助"卓越计划"的平台与资源，各高等学校开展了"问题导向""探究导向"辅导，旨在提高学生解决工程实际问题的能力。参加"卓越计划"的校企双方共同研讨和设计相关人才培养方案，各工程教育实践中心分别制定了相应专业的培养标准和方案，教育主管部门支持高校采用"3+1"分阶段、分地点的培养方式，即学生用 3 年时间在学校进行学习，用 1 年时间在企业进行实习实践（李越、李曼丽、乔伟峰等，2016）。

表 3-1　截至 2014 年全国签约实施"卓越计划"的企业

单位：家

隶属关系	大型企业	高新技术企业
教育部直属高校	2411	1926
中央其他部门所属高校	169	132
地方所属高校	2779	2321

说明：部分企业既是大型企业，又是高新技术企业。

本科生校内学习阶段，各大学对学生的培养重点之一应当围绕工程实践能力展开。创新思维和设计思路方面，可以采用基于问题的、基于项目的、基于案例的多样化的教与学方式，促进学生在研究中、在动手操作中全方位训练和提升工程实践能力，帮助学生成为在面临多学科交叉、多专业交互的情境中能够解决问题的复合型高素质人才（李越、李曼丽、乔伟峰等，2016）。学生在学校学习过程中，因为有企业的专家参与专业人才培养方案和教学大纲的制定，并且邀请和支持业界专家为本科生开设讲座或讲课，使学生学习的内容更贴近工程实际，使学生能了解国际和国内先进的工程技术及其发展状况，增加课程内容的广泛性，引入更多元的学术和行业视角，从而激发学生的好奇心和主观能动性。

本科生企业学习阶段，学生需要尽可能多地熟悉企业环境下的规则制度和文化氛围，积极参与到企业的各项工作活动中，从基本工作流程，到工程项目的实践环节，在做中学，从亲身经历中建立道德与职业伦理。在学时方面，大学要尽量确保学生的学习时间不能过短，应累计至少达到 1 年。在毕业设计方面，大学导师和企业工程师要保持沟通，形成共同指导学生开展有意义的毕业设计的长效机制，形成对大学和企业都有推广意义的示范经验。

3. 增强工科教师的工程经验

在增强工程教育教师队伍工程经验方面，通过引进企业教师、加强学习和培训等方式已取得一些成效。

第一，引进企业教师承担学校教学任务。企业可以引荐业务能手和研究、技术人员，支持和鼓励他们申请"卓越计划"兼职导师，为大学带来业界的声音与经验。例如，在北京交通大学国家级工程实践教育中心开展教学的企业教师已达到 110 人，共参与开设 28 门理论和实践课程，承担的课程总学时达到 1500 小时，承担的毕业设计和实习周达到 250 周，而学校派到该中心进修的教师数也已有 35 人。

第二，高等学校教师深入企业展开跨界学习和合作。为了增强高等学校教师的工程实践经历，学校一方面开展指导教师培训，不断提高指导教师队伍的整体水平，另一方面完善教师在企业培训和挂职锻炼的制度，鼓励教师承担企业实际课题。例如，南京理工大学教务处与人事处共同研究和制定有针对性的政策，支持和鼓励教师通过积极到企业参与研发项目和工程项目，增加自己的工程经验，增强自己的教育教学能力。

第三，在一定区域范围内开展工程师教育培训。例如，大连理工大学建立了首批 20 个国家级工程实践教育中心，在一定区域范围内产生影响力和示范作用，满足该区域内教师的培训需求。辽宁省教育厅、财政厅委托该校依托工程实践教育中心，承办了 9 期辽宁省"卓越工程师教育培养工程"教师工程实践能力提升培训班，全省共 800 余名教师参加了培训。培训的形式丰富多样，有讲座、报告、研讨，也有实地考察和练习训练，受到参与教师的一致好评。

据初步统计，2013~2014 年在"卓越计划"参与高等学校承担教学任务的企业教师数已达 17920 人，派往企业挂职学习的"卓越计划"参与高等学校的教师已达 7044 人（见表 3-2）。

表 3-2 2013~2014 年企业教师和高校教师企业挂职情况

类属关系	承担教学任务的企业教师（人）	企业教师参与开设的课程（门）	企业教师承担的理论（实践）课程总学时（小时）	企业教师承担的毕业设计和实习周（周）	派往企业挂职学习的高等学校教师（人）
教育部直属高校	7506	2466	111897	13254	2878
中央其他部门所属高校	955	291	12830	4217	304
各省市所属高校	9459	3647	141248	29901	3862
合计	17920	6404	265975	47372	7044

4. 丰富工科人才的国际化经历

为了推进工科人才培养与国际工程教育接轨，在课程、师资队伍建设等方面采取有效措施，已取得一定成效。

第一，构建与国际接轨的课程体系。"卓越计划"参与高等学校学习和借鉴世界一流高等学校工科课程体系，设计面向世界的工程教育框架，扩大双语教学、全英文教学的课程比例。例如，西南交通大学计划用2~3年的时间逐步打造一批以全英文教学课程群为支撑、具有轨道交通特色的国际化专业，深度参与国际竞争和国际联合办学，进而将卓越工程师培养推向国际。浙江科技学院借鉴德国汉诺威应用科学大学和埃姆登/里尔应用科学大学等高等学校相同专业培养计划，引进德国工程教育课程，同时聘请德国工程技术专家参与"卓越计划"的培养工作。

第二，增加学生国际化学习经历与体验。"卓越计划"参与高等学校积极开展海外实习、交换学习、联合毕业设计等海外学习项目，采用多元化的方式安排学生到世界一流高等学校或知名企业进行学习和实习——有短期形式的实习，也有长短期项目相结合的深造机会，学期派出与暑期项目相衔接，搭建了专业课程及文化交流并举的多层次、多模式的国际化人才培养体系。有的院校还在实习地点上进行改革与尝试，将"3+1"培养模式中为期1年的校外学习地点安排在世界范围内的大学或企业。

第三，积极推进中外联合培养。"卓越计划"参与高等学校与国外高等学校合作对学生进行专业培养，从而拓宽学生的工程国际视野。例如，上海交通大学与法国巴黎高科技工程师学校集团联合成立上海交大—巴黎高科卓越工程师学院，开展本科生培养。太原理工大学、成都信息工程学院与美国迪克森州立大学等高等学校共同设计和实施"2+1+1"的人才培养方案，参与该计划的学生用2年时间在国内大学进行基础知识和技能学习，随后用1年时间到国外大学开展相关学习或实习，最后1年时间学生再回到国内学习并按照要求完成毕业设计。哈尔滨工业大学与法国普瓦捷大学签署了国际化合作办学协议，采用"3+2"培养模式，学生毕业后除获得哈工大毕业证书外，还可以获得法国普瓦杰大学颁发的欧美承认的工程师证。武汉大学重视学生的国际视野培养和国外学习经历，与国外的大学建立了"2+2""3+1"等本科联合培养模式。

第四，增强工科教师队伍的国际化程度。"卓越计划"各实施高等学校积极构建师资培训的国际平台，为国内教师继续学习和接受教育创造条件，入选教师可以拥有到国外大学参观学习的机会，由此开阔视野、增加经验。此外，高等学校还积极吸收海外留学人员回国任教。例如，2013~2014 年，北京理工大学积极探索灵活多元的人事机制，为高层次人才营造良好成长环境；建立多模式聘用制度，吸引海外优秀青年人才充实队伍。

四　以 STEM 教育贯通工程本科与大学前教育

（一）高中与本科的"段差"不利于本科人才培养

2010 年，日本学者集中在日本高等教育发展协会的权威期刊《IDE现代高等教育》上，发文讨论"高中—大学"衔接的难点，提出大学与高中在人才培养方向的不一致，使得仅以突破大学选拔考试为目标的高中教育，无法使学生树立明确持久的学习动机，也无法促使学生为本科教育打下扎实学术基础，从而造成大学生学习能力不足等问题。事实上，高中教育与本科教育的"段差"是一个广泛存在于世界教育体系中的问题。2016 年，英国商业、创新与技能部（Department for Business, Innovation and Skills）递交国会的白皮书《知识经济时代的成功：教学卓越，社会流动与学生选择》（Success as a Knowledge Economy：Teaching Excellence，Social Mobility and Student Choice）中，提出了英国高等教育改革的新需求：曾经一流的本科教育却培养出大批技能匮乏，尤其是缺乏科学、技术、工程和数学（Science，Technology，Engineering and Math, STEM）领域发展所需的具有高级技能的毕业生。这一事实暴露的问题，一是大学未给准备进入本科学习的学生提供足够的信息，造成了他们选择大学与专业的偏差；二是大学目前开展的教育教学，在一定程度上还不能满足拥有不同基础水平学生的个性化发展需要；三是受惠于高等教育机会扩张政策而得以进入大学的学生，他们的"弱势"在高等教育中未能被补足，大学在促进教育公平与社会流动方面还需做出更多努力。

（二）大学前 STEM 教育受到发达国家重视

21 世纪初，美国通过制定多项国家政策与计划，呼吁将对 STEM 教育的关注和投入从大学本科阶段延伸和拓展到 K-12 基础教育阶段。2007 年，《迎击风暴：为了更辉煌的经济未来而激活并调动美国》指出，通过大幅度提升 K-12 阶段的 STEM 教育，增强美国的人才库。同一年，《国家行动计划：应对美国科学、技术、工程和数学教育系统的紧急需要》要求增加研究投入，增强对 K-12 阶段国家层面的主导作用。此后，美国政府陆续制定了《K-12 科学教育框架》和《新一代科学教育标准》。

2009 年，美国国家科学委员会在致奥巴马总统的公开信中明确指出，美国要保持科学和技术的世界领先与指导地位，其重要基础就是发展大学前 STEM 教育。美国相继发布了《培养与激励：为美国的未来实施 K-12 年级 STEM 教育》《成功的 K-12 阶段 STEM 教育：确认科学、技术、工程和数学的有效途径》《制定科学、技术、工程和数学教育议程：州级行动之更新》《K-12 年级 STEM 整合教育：现状、前景和研究议程》等报告。

值得注意的是，STEM 教育在美国是一个系统工程，美国立法部门、行政部门、咨询机构、学术委员会及其他社会资源等均参与其中并整体联动，为 STEM 教育战略制定和实施建言献策，为 STEM 教育发展提供强大后盾。例如，美国国会出台《美国创新与竞争力法案》，教育部发布《学术竞争力委员会报告》，以及推出基于 K-12 的教育评价方法、国际学生评估项目等，为发展 STEM 教育提供了政策支持和决策参考。

（三）大学前 STEM 教育在中国生根发芽

从大学角度出发，我国大学已经在尝试与中学就人才培养进行持续合作与衔接。谢维和撰文提出，"高等教育改革需要'向下看'"，大学教育与高中教育的关系已经从"选拔性模式"向"共生性模式"过渡；高中教育的改革、发展、建设，既是高等教育改革需要参考的基础性边界条件，也是建设"高等教育强国"的重要起点和基础（谢维和，2013）。大学人才培养质量不能仅靠大学，必须与高中教育形成联动。大学在"高中—大学—社会"的连锁反应中的作用至为关键，具有承前启后的作用。越是高水平的大学，承担的社会责任越多，越是要在生源、教学、个性化等方面与多方沟通和衔接：向后，要与经济发展和市场需求衔接；向前，要与高中教育保持沟通。

从 2015 年开始，我国连续发布 STEM 相关政策文件，积极促进 STEM 教育在基础教育阶段生根发芽。2015 年，教育部办公厅在《关于"十三五"期间全面深入推进教育信息化工作的指导意见（征求意见稿）》中首次提到要探索 STEAM（Science，Technology，Engineering Art and Math，STEAM）教育和"创客教育"模式。2017 年开始，教育部接连发布《义务教育小学科学课程标准（2017 年版）》《普通高中课程方案和语文等学科课程标准（2017 年版）》《普通高中信息技术课程标准（2017 年版）》《普通高中通用技术课程标准（2017 年版）》等文件，倡导跨学科学习，提高学生科学、技术、工程、数学、艺术等多学科知识、技能和素养。在国家政策引领下，我国上海市、江苏省、广东省等纷纷响应号召，出台 STEM 教育相关政策和项目计划。2018 年，陕西省教育厅发布《陕西省教育信息化建设三年行动计划（2018—2020年）》，提出有一定基础的地方和学校可以结合自身特点和情况，尝试、摸索和深化信息技术在跨学科学习、创客教育等不同教育环境中的具体实施和融入。

STEM 教育教学问题驱动、师生互动、内容设计、协同创新、各方资源整合等方面具有特殊要求（董泽华，2016），因此 STEM 教育要在我国基础教育阶段中落实和产生良好的育人效果并非易事，需要未来在教师培训、课程标准研究等方面持续探索。

五　工科何以而新

（一）新工科产生的背景

当前，随着世界范围内新技术的出现和演变，以及人类面对挑战不确定性因素的增加，各国高等教育比以往任何时候都更加迫切渴求科学知识和卓越人才。我国在推动工程教育改革创新中也做出积极努力，不断吸取成为工程教育大国的成功经验，并分析当前面临的问题和不足，展开一系列研究和战略布局，以此开展具有中国特色的工程教育改革。2017 年，教育部组织各方专家、学者召开研讨会，形成了"复旦共识""天大行动""北京指南"新工科建设"三部曲"，由此打开了我国工科教育变革与转型的新局面。

2017 年 2 月 18 日，教育部在复旦大学召开高等工程教育发展战略研讨会，30 所高校参会，研讨会针对"新工科"的内涵、特征、建设与发展的路径进行广泛讨论，被称为"复旦共识"。"复旦共识"明确提出工科优势高校、综合性高校、地方高校要承担不同的责任和角色，面向工程科技发展的不同需求，开展不同目标导向的新工科建设。由此，在这三类高校形成具有分类格局和特色的工程教育发展模式，并将所在学校的学科专业结构、人才培养定位、教育教学活动与社会经济发展的需要密切结合。[①]

2017 年 4 月 8 日，教育部在天津大学召开新工科建设研讨会，60 余所高校参会，研讨会经过深入讨论后形成的关于新工科建设的愿景与行动，被称为"天大行动"。"天大行动"明确提出新工科建设的目标，是到 2050 年形成领跑全球工程教育的中国模式，建成工程教育强国，成为世界工程创新中心和人才高地。[②]

2017 年 6 月 9 日，新工科研究与实践专家组成立暨第一次工作会

---

① 《"新工科"建设复旦共识》，2020 年 12 月 30 日，http：//www.moe.gov.cn/s78/A08/moe_745/201702/t20170223_297122.html。

② 《"新工科"建设行动路线（"天大行动"）》，2020 年 12 月 30 日，http：//www.moe.gov.cn/s78/A08/moe_745/201704/t20170412_302427.html。

议在北京会议中心召开。教育部副部长林蕙青在会议上指出，持续深化工程教育改革，要抓好理念引领、结构优化、模式创新、质量保障、分类发展五方面重点工作。通过坚持立德树人的理念，对传统工科专业开展升级改造，支持新兴工科专业的发展，加强学科交叉，建立符合国情的人才质量标准，鼓励和支持形成各具特色的分类发展格局。会议通过了《新工科研究与实践项目指南》，旨在推动着高校在工程教育的改革中开展研究、尝试与实践，形成各具特点和价值的探索方案。[①]

建设符合中国特色、拥有世界一流大学水平的工程教育体系是许多中国大学的愿景。为培养面对不确定环境能保持学习和应对挑战的高素质人才，我国发布一系列政策文件支持和保障新工科建设的推进与改革。

（二）新工科的"新"特点

"复旦共识"中提出我国高校要加快建设和发展新工科，一方面要根据新的形势支持和鼓励大学建设一些符合学校特点的新兴工科专业，另一方面要从学科设置、专业建设等方面加快完善工程教育体系的改革。新工科建设和发展要致力于构建工程教育人才培养的新型模式，以新时期行业发展趋势、经济发展需求为引导，将创新的、综合的、全周期的理念作为根本原则，延续建设工程教育大国进程中的优秀传统和经验，构建面向未来的、能够肩负新时期历史使命的工程教育新体系，全方位地促进我国实现工程教育强国的愿景。

"天大行动"提出了十大行动，包括创立符合工科教育特点的新型范式，依据产业需求建设新专业以及调整相关专业结构，根据技术发展更新学习内容和工程人才知识体系，以学生志趣为中心创新工程教育教学方法，推进以学校为主体的自主发展和激励机制制度，根据学校内外资源创设工程教育的新生态，面向国际前沿创建标准以增加工程教育的世界水平等。

---

① 《新工科建设形成"北京指南"》，2020 年 12 月 30 日，http：//www.moe.gov.cn/jyb_xwfb/gzdt_gzdt/moe_1485/201706/t20170610_306699.html。

吴爱华等（2017）剖析了我国工程教育发展必须得到多样化模式的支撑，这是经济产业复杂结构特点所决定的。作者阐述了我国新工科建设的前期积累和基础，包括主动布局建设战略性新兴产业相关专业（如新能源科学与工程、数据科学与大数据技术等），探索软件和集成电路产业对相关专业人才的需求，以及支撑该类人才培养和发展的机制与模式。文章还提出需要针对相关重点领域，如航海、气象、网络安全等，加紧开展人才培养工作。文章还对"复旦共识"中提出的"新理念""新结构""新模式""新质量""新体系"进一步做出了阐释。

钟登华（2017）论述了新工科建设的定义与特点，提出"工科"是本质属性，而"新"是一种导向，要深刻理解和把握好"新"字，同时也不能与"工科"割裂与分离。基于此，新工科的"新"内涵可以从三个层面拆解：（1）理念新，指更加强调积极面对变化的世界和事件，面对难题和困境强调能更为主动地改变与塑造世界；（2）要求新，指建立符合当下特点的新型人才结构以及新的质量标准；（3）途径新，指要延续历史进程中的优良传统和优秀经验，融会贯通地建设新工科。

刘吉臻、翟亚军、荀振芳（2019）提出新工科的"新"在于其集学科属性和专业属性于一体，这一属性决定了新工科建设中一方面需要坚定地进行学科建设与发展，另一方面需要基于专业载体做好课程建设、培养计划等人才培养工作，也就是说既要以学科形态顺应科学发展和知识融合的要求，又要以专业形态满足人才成长与社会发展要求。

（三）新工科的"新"探索

随着教育部新工科建设的启动，我国实施工程教育不同类型的高校都结合自身特点认真研究并推出新工科建设方案，探索工科建设的新模式、新途径。

天津大学是最早开始新工科研究与教育实践的高校之一。2019 年 4 月 26 日正式发布了"天大新工科建设方案"（天大方案），重新构建了工科人才培养的课程内容安排和机制体系。重构后的工科课程体系以"课程元"为单位，所涵盖的学习要素与内容相互联系，强调"在解决问题中用什么知识、如何学习知识、怎么应用知识",鼓励学生毕业后通过学以致用的实际行动回应新兴产业或产业新领域的相关需求。[①] 2020 年 6 月 16 日,天津大学发布了"天津大学新工科建设方案 2.0",提出围绕构建完备的新工科教育平台体系、持续优化新工科教育教学设计、建立健全新工科教育质量管理体系、持续优化新工科教育系统环境四个方面的 12 条重要举措,以实事求是和严谨的科学精神、科学态度、科学方法,针对大学发展和工程教育改革中面临的组织调整制度、专业优化机制、师资考核制度、人才培养体系等改革深水区问题开展研究和探索,形成可复制、可推广的经验。

2017 年,哈尔滨工业大学以威海校区为新工科试验区开始了新工科建设行动,积极推进工程教育改革与产学合作协同育人,开设了 6 个跨学科融合的新工科专业:机器人工程、智能车辆工程、科学与工程、网络空间安全工程、海洋信息工程、新能源科学与工程。通过对教学改革及经验的提炼,哈工大制定了"新工科'II 型'方案",提出工程教育要培养三类人才:一是精通某一专业知识与技术的"I 型"专业人才,二是在此基础上具备广博知识与多种能力且综合素质好的"T 型"精英人才,三是在前两类基础上具有某相关行业或领域知识与经验的"II 型"复合型领军人才。方案认为培养这样的"II 型"复合型人才正是新工科建设要解决的问题(徐晓飞、沈毅、钟诗胜,2021)。

汕头大学总结了过去多年应用 CDIO 工程教育理念的实践经验,分析了汕头大学 OBE-CDIO 工程教育与新工科建设要求之间的差异:虽然在理念、模式、质量方面比较接近,但是在翻转课程(Flipped Classroom)、现代化教学手段的新方法方面有待进一步提高。基于经验教训,汕头大学提出了学校新工科建设的具体途径和实施办法(顾佩华,2017)。

---

① 《为未来培养卓越工程人才　天津大学率先发布新工科建设方案》,2020 年 9 月 12 日,https://news.gmw.cn/2019-04/26/content_32780516.htm。

　　我国是世界上规模最大的工程教育国家，面对新一轮科技革命，新工科的提出以新的视角呼应新时期背景下工程教育理念和实践的创新，这也是中国在世界工程教育变革趋势下对建立中国特色工程教育体系的本土化回应。工程教育变革正在如火如荼地进行，工程教育的"中国模式"正在形成，"中国经验"也在不断丰富的过程当中。

第四章
世界一流大学本科拔尖创新人才
培养的思考与实践

世界一流大学普遍将培养一流本科生作为人才培养的坚定目标和不懈追求。[①] 深受科技变革和社会发展的影响，世界各国将提高本科教育质量作为高等教育发展改革的重点，培养适应现代经济社会发展需要的通识人才。如何努力抓住机遇，培养符合新时期发展需求的拔尖创新人才，满足新一轮科技革命、产业变革的要求，是中国高等学校本科教育面临的重要挑战。借鉴世界一流大学在推进本科教育改革、提高专业质量方面做出的积极探索，为我国本科教育改革提供一些参考。本章以机械工程、土木工程、化学工程三个传统工科专业为例，各选取 5 所院校（见表4-1）对专业人才培养方案进行分析，在选取学校时既有美国院校又有欧洲院校，从而保证比较分析较为全面综合。

表4-1　本研究选取进行工科专业本科教育人才培养方案比较的高校

专业	学校1	学校2	学校3	学校4	学校5
机械工程	麻省理工学院	斯坦福大学	加州大学伯克利分校	代尔夫特理工大学	帝国理工学院

① 《教育部党组书记、部长陈宝生在新时代全国高等学校本科教育工作会议上的讲话》，2020年9月12日，https://jsfz.bdu.cn/info/1039/1039.htm。

续表

专业	学校 1	学校 2	学校 3	学校 4	学校 5
土木工程	麻省理工学院	斯坦福大学	加州大学伯克利分校	代尔夫特理工大学	苏黎世联邦理工学院
化学工程	麻省理工学院	斯坦福大学	加州大学伯克利分校	苏黎世联邦理工学院	帝国理工学院

一 世界一流大学机械工程专业本科培养方案之解析

（一）麻省理工学院机械工程专业本科培养方案

1. 培养方案的理念和思路

麻省理工学院（Massachusetts Institute of Technology，MIT）机械工程专业学生本科毕业去向呈现以下几种情况：在顶尖大学继续深造，攻读研究生课程；在工业界、非营利组织或公共部门的相关岗位上工作；从事创新创业事业。

机械工程专业本科教育的目标是希望学生在毕业后：（1）能够在机械、机电和热力系统相关领域较好运用工作知识或技术基础，以满足客户和社会的需求；（2）能够开发创新技术并找到工程问题的解决方案；（3）能够成为多学科团队成员并与其他成员进行有效沟通；（4）能够对专业和社会环境保持敏感，遵守合乎道德规范的行为；（5）能够领导新产品的流程、服务和系统的概念、设计和实施。完成该学位课程后，可获得由美国工程技术认证委员会（ABET）认证的机械工程学位。①

2. 课程结构

MIT 机械工程专业课程设置，不仅为学生提供了宽广的知识基础，开发相关工程基础知识，提供各种应用经验，还介绍工程实践的重要方

---

① Massachusetts Institute of Technology. MIT Course Catalog Bulletin 2020-2021. Department of Mechanical Engineering, 2020 - 04 - 30, http：//catalog. mit. edu/schools/engineering/mechanical-engineering/#undergraduatetext.

法和技术。其本科课程包括两部分：校级通识课，即全校限制性必修课
（General Institute Requirements，GIRs），有 17 门课程，共 71 学分；系
级课程（Departmental Program，GIRs 要求之外的部分）共 189~192 学
分（见表 4-2）。

表 4-2　MIT 机械工程专业本科课程

校级通识课	
课程类型要求	门次
自然科学基础类课程	6
人文、艺术和社会科学课程 　　其中，至少 2 门课程须作为"沟通类强化"（CI-H）满足沟通交流类课程 　　要求	8
限制性科技选修课程（REST） 可通过系级课程计划中的 2.001 或 18.03 完成	2
实验课程 可通过系级课程计划中的 2.671 完成	1
总课程门次	17

体育教育和健康课程：包括游泳课程要求、4 门体育课程

系级课程		
课程名称		学分
必修核心课程（Required Core Subjects）		153~156
2.001	力学与材料 I	12
2.002	力学与材料 II	12
2.003 [J]	动力学与控制 I	12
2.004	动力学与控制 II	12
2.005	热流体工程 I	12
2.006	热流体工程 II	12
2.007 or 2.017 [J]	机电机器人系统设计	12
2.008	设计与制造 II	12
2.086	机械工程师的数值计算	12

续表

课程名称		学分
2.670	机械工程工具	3
2.671	测量和仪表	12
2.THU	本科论文	6
18.03	微分方程	12
选择以下 1 门：		12~15
2.000	产品工程过程（CI-M）	
2.013	工程系统设计（CI-M）	
2.750 [J]	医疗器械设计（CI-M）	
2.760	全球工程（CI-M）	
限制性选修课程 选择以下 2 门：		24
2.014	工程系统发展	
2.016	流体力学	
2.017 [J]	机电机器人系统设计	
2.019	海洋系统设计（CI-M）	
2.050 [J]	非线性动力学：混沌	
2.12	机器人学导论	
2.14	反馈控制系统的分析与设计	
2.184	运动的生物力学和神经控制	
2.370	纳米工程基础	
2.51	中间传热传质	
2.60 [J]	高级能量转换基础	
2.650 [J]	可持续能源导论	
2.71	光学	
2.72	机械设计要素	
2.744	产品设计	
2.782 [J]	医疗器械和植入物的设计	
2.797 [J]	分子、细胞和组织生物力学	

续表

2.813	能源、材料和制造业	
2.853	制造系统概论	
2.96	工程管理	
专业课程总学分		177~180
非限制性选修课程		48
专业课程中可同时满足 GIRs 的学分		(36)
GIRs 要求之外部分的总学分		189~192

资料来源：Massachusetts Institute of Technology. Mechanical Engineering（Course 2），2020-04-30，http：//catalog. mit. edu/degree-charts/mechanical-engineering-course-2/.

说明：麻省理工学院在课程的具体信息中通常会用三个数字表示一门课程的学分（例如，3-2-7）。而三个数字加在一起得出的数字就等于该课程的总学分（12）。此外，这三个数字按顺序依次表示：指定用于讲课和复习的学分为 3 分，分配给实验室、设计或现场工作的学分为 2 分，户外准备的学分为 7 分。一些课程会用"学分已安排"而不是三个数字来表示课程的学分，这表明学生和教师已经就学生应当达到的工作时间达成了一致，并已经对学分进行了适当调整。麻省理工学院没有提供 MIT 学分向其他学分系统转换的官方转化机制，但是建议：（1）MIT 的 3 学分大约等于 1 个"学期时间"或学分（Credit）；（2）一个 12 学分的 MIT 课程可以转换为 4 个"学期时间"或学分（Credit）。

3. 通识教育课程

MIT 机械工程专业的通识教育课程，指全校限制性必修课（GIRs），培养目标明确，从学生成长角度出发，设计基础科学知识、人文素养、身心健康等多方面课程。[①]

全校限制性必修课要求学生至少修够 17 门课程，修满 71 学分。具体包括：6 门自然科学基础类课程（Science Reguirement），8 门人文、艺术和社会科学课程（Humanities，Arts，and Social Sciences Requirement，HASS），2 门限制性科技选修课程（Restricted Electives in Science and Technology，REST），1 门实验课程（Laboratory Requirement）。在这 17 门课程之外，校级通识课也对学生的体育教育提出要求，包括通过游泳测试，且需要修满包含 4 门体育课程。

第一，自然科学基础类课程。自然科学基础类课程，旨在让学生掌

[①] Massachusetts Institute of Technology. General Institute Requirements，2020-04-30，http：//catalog. mit. edu/mit/undergraduate-education/general-institute-requirements/#text.

握对日后专业学习和科技生活起重要作用的数学、物理、生物、化学等学科领域的基本概念和方法。对于机械工程专业学生来说，自然科学基础类课程既属于通识教育课程要求，也属于专业课程要求。自然科学基础类课程，包括1门化学、1门生物、2门物理、2门数学。

第二，人文、艺术和社会科学课程。HASS课程旨在保证学生广泛了解人类社会及其传统，积累人类文化和历史知识，深化对各学科领域知识的理解，体验人类活动的思想体系，发展对个人和社会有用的技能。该类课程包含三类：（1）人文、艺术和社会科学分布课程（HASS-Distribution）：8门课中的3门必须从人文科学、艺术科学和社会科学三大类别中各选择1门；（2）人文、艺术和社会科学集中领域课程（HASS-Concentration）：学生需要在不晚于大二第二个学期开学时，提交集中学习（Concentration Requirements）表，在列表范围内选择一个集中学习的领域（例如经济学、历史学等），每个领域包含3~4门HASS课程，学生需要在毕业前最后一个学期的第一周结束之前，完成该集中领域课程的学习，并提交一份学习完成表；（3）人文、艺术和社会科学选修课程（HASS-Elective）：除了分布课程、集中领域课程之外，学生可以在分布课程或指定的选修课程中选择。

为使学生提高有效写作和表达能力，获得说明性写作和口语的指导与实践，熟悉专业领域话语体系，HASS课程要求学生必须满足沟通课程要求（Communication Requirement），即选修4门沟通类强化课程（Communication-Intensive，CI），其中2门从人文、艺术和社会科学课程中选修（CI Subjects in the Humanities，Arts，and Social Sciences，CI-H），2门从所在学位项目（CI Subjects in Their Major Program，CI-M）中选修。CI-H课程涉及历史、政治、经济、教育、外交、语言、文化等人文社会科学领域，CI-M课程则和各专业紧密联系。学生必须保证完成CI的相关课程，以保持良好的沟通要求：必须在第一年结束之前完成1门CI沟通课程，在第二年结束时完成2门沟通课程，在第三年结束时完成3门沟通课程，并且在毕业之前完成4门沟通课程。

第三，限制性科技选修课程。限制性科技选修课程有助于学生扩展和深化基础科学教育，促进学生拓展已有的研究领域或探索有潜在兴趣的其他领域。该类课程的特点是在校级通识教育层面架起了通往专业教育的桥梁。

第四，实验课程。实验课程要求学生在综合项目中投入大量注意力，而不是仅仅关注实验或练习。课程重点是激发学生的思维能力、计划技能和观察分析能力。

第五，体育教育和健康课程。体育教育和健康课程，旨在为学习者提供必要的指导和技能，以引导其健康、积极的生活方式，并通过体育活动促进个人成长和社区意识。大一新生入学后，必须参加 4 门体育教育和健康课程，并完成游泳课要求。转学学生则必须完成 2 门体育教育和健康课程。此外，学生可根据自己的情况，修读任何水平的体育课程并取得学分。[①] 学校提供健身、健康、个人和团队运动、武术、舞蹈、水上运动和户外探险活动的教学指导。游泳课则需要先学习游泳初级课程或在秋季迎新周（orientation week）通过游泳测试。除了传统的体育教育和健康课程外，学生还可以通过大学生运动队、后备军官训练（空军、陆军、海军）等途径获得体育教育学分。

4. 系级课程

GIRs 要求外的系级课程需要修满 189~192 学分。主要包括必修核心课程 153~156 学分，限制性选修课程 24 学分，非限制性选修课程 48 学分。其中，GIRs 中的 2 门 REST 课（24 学分）和 1 门实验课程（12 学分），可以同时满足系级课程的 36 学分的要求。[②]

---

① 体育课程主要包括：团体锻炼（自行车、跆拳道、普拉提、PiYo、Step、瑜伽等），合气道，箭术，背包/徒步旅行，羽毛球，运动员训练营，冰壶，舞蹈（交谊舞、嘻哈、中东舞、探戈、萨尔萨、摇摆、方块舞等），击剑，花式滑冰，健身/急救/心肺复苏，健身/营养，健身/压力管理，健身/冥想，健身/关系健康，健身/运动营养，高尔夫，冰上曲棍球，空手道，皮划艇，匹克球，手枪，步枪，巧固球，顶级绳索，Tsegball，跑步/慢跑，帆船，潜水，自卫，体育跆拳道，滑冰，滑雪/滑雪板，足球（室内），游泳，网球，登山绳索，排球，力量训练等。

② Massachusetts Institute of Technology. Mechannical Engineering（Course 2），2020 - 04 - 30，http：//catalog. mit. edu/degree-charts/mechanical-engineering-course-2/.

第一，必修核心课程。如表4-2所示，MIT机械工程专业本科的必修核心课程包括力学与材料Ⅰ、Ⅲ，动力学与控制Ⅰ、Ⅱ，热流体工程Ⅰ、Ⅱ，机电机器人系统设计，设计与制造Ⅱ，机械工程师的数值计算，机械工程工具，测量和仪表，本科论文，微分方程；此外，还需在产品工程过程（CI-M）、工程系统设计（CI-M）、医疗器械设计（CI-M）、全球工程（CI-M）4门课程中选择1门修读。

第二，限制性选修课程。如表4-2所示，MIT机械工程专业本科的限制性选修课程要求从工程系统发展，流体力学，海洋系统设计（CI-M），运动的生物力学和神经控制，产品设计，能源、材料和制造业，工程管理等20门课程中选择2门修读。

第三，非限制性选修课程是任选课，要求修满4门课程，每门4学分，共48学分。

5. 毕业设计

毕业论文要求至少6学分，至多15学分，旨在促进学生在感兴趣的研究领域，在教师指导下进行有深度的独立研究。一般来说，学生可以在大四前联系本科生科研计划项目（Undergraduate Research Opportunities Program，UROP）的导师；或联系自己感兴趣的研究方向的导师，和导师讨论后确定论文题目，或学生自己提出感兴趣的题目，再找一个对该题目感兴趣的老师来指导。导师可以是机械工程专业外的教师，也可以是企业界的从业人员。

（二）斯坦福大学机械工程专业本科培养方案

1. 培养方案的理念和思路

斯坦福大学机械工程专业学士学位项目的目标是：（1）毕业生具备在不同组织中成功就业的科学和技术背景；（2）毕业生成为行业和社区的领导者与有效的沟通者；（3）毕业生有动力和能力在工程或其他领域成功开展研究生学习；（4）毕业生用专业精神和职业道德对待自己的职业，并对他们工作的社会环境有强烈的责任意识。

斯坦福大学机械工程专业学士学位项目设定的本科生学习结果如

下：(1) 有运用工程学、科学和数学原理识别、制定和解决复杂工程问题的能力；(2) 在充分考虑公共健康、安全和福利以及全球、文化、社会、环境和经济因素的基础上，通过工程设计为特定需求提供解决方案的能力；(3) 具有与各种受众进行有效沟通的能力；(4) 具有机械工程专业道德和专业责任，遇到问题可作出明智判断，并且充分考虑其解决方案对全球、经济、环境和社会背景的影响；(5) 有能力在一个团队里有效工作，与团队成员协同合作，共同制定目标、计划任务、实现目标等；(6) 有能力开发和进行设计合理的实验，分析和解释数据，并使用工程判断思维得出结论；(7) 有能力使用适当的学习策略，根据需要获取和应用新知识的能力。

2. 课程结构

斯坦福大学本科教育的目的是使学生掌握扎实的基础知识，磨炼能力，培养个人和社会责任感，并学会在一个新环境中开发知识和技能以适应新的挑战。斯坦福大学工程学院机械工程专业要求本科生完成校级通识教育和院系专业教育两部分课程，不少于 180 学分。①

校级通识教育课程包括四部分：思维方式必修课程（Thinking Matters Requirement）、思考和行动方式必修课程（Ways of Thinking/Ways of Doing Requirement）、写作和修辞必修课程（Writing and Rhetoric Requirement）、语言要求必修课程（Language Requirement）。

院系专业教育要求本科生在大二结束前申报专业，然后完成其规定的学分和课程，包括先修课程、核心课程、选修课程和高级项目论文。斯坦福大学规定，为了体现本科生学习的深度，一个结构良好的专业教育的学分，至少占所有需要完成学分的 1/3（55~65 学分）；为了确保本科生学习的广度，专业教育的学分不能超过学生所有需要完成学分的 2/3

---

① 斯坦福大学规定每 1 个单位学分（Unit of Credit）的工作量代表一个学生每学期每周有 3 小时的工作。在讲座、研讨会或讨论课中，1 个单位学分的分配通常是：每周有 1 小时用于讲座、研讨会或讨论，2 小时用于额外学习（阅读、写作等）。按学期计算，1 个单位学分相当于每学期有 10 小时的讲座或研讨会。1 门 3 个单位学分的课程意味着一学期有 30 小时的工作时间。

（115~125 学分）；为了避免知识狭窄化，学生从同一个院系中学习和获得的专业教育，不能超过学生所有需要完成学分的 1/3。

3. 校级通识教育

校级通识教育是斯坦福大学本科教育的重要组成部分，与院系专业教育一起构成了学生在斯坦福大学本科四年学习的核心，其目的是使学生通过大学本科四年学习具备认知社会、提出问题的能力，以及运用多维视野解决问题的能力。无论学生将来从事哪一个领域的工作，这些课程都旨在培养学生思维能力和社会能力。学生可以灵活选择自己感兴趣的话题，同时培养批判性思维。校级通识教育要求学生必须完成四类课程。[1]

（1）思维方式必修课程。学生有多种学习课程的方式：学生可以在第一年级完成该门课程，分别从每季度提供的大约 8 门课程中选择 1门独立课程。或者，学生可以在以下项目中选择 1 门课程，它们是：沉浸在艺术中—生活在文化中（Immersion in the Arts—Living in Culture, ITALIC），结构化通识教育（Structured Liberal Education, SLE）。又或者，学生可以在秋季学期，注册报名参加教育和自我塑造（Education as Self-Fashioning, ESF）课程。

（2）思考和行动方式必修课程。与基于学科教育的传统学习方式不同，该类课程目的在于补充和整合专业经验。首先，课程强调"思考"和"行动"，即教学生如何以不同的方式看待世界，如何从不同的角度认识世界，以及如何以新的方式使用这些新的智力能力。其次，课程体现了斯坦福大学对教育经验的重视。为了达到该课程要求，学生必须完成 11 门课程，包括审美和解释式探究（Aesthetic and Interpretive Inquiry）、社会调查（Social Inquiry）、科学方法与分析（Scientific Method and Analysis）、应用定量推理（Applied Quantitative Reasoning）、创意表达（Creative Expression）、多元化参与（Engaging Diversity）、伦理推理

---

① Stanford University. Undergraduate Degrees and Programs, 2020-4-30, https://exploredegrees-nextyear. stanford. edu/undergraduatedegreesandprograms/#gerstext.

（Ethical Reasoning）、正式推理（Formal Reasoning）等。

（3）写作和修辞必修课程。该课程旨在要求每个本科生都能写出清晰、准确的文章。言语是思想的载体，清晰的思维需要通过写作和演讲传达。该类课程又细分为三类课程：大一学习的 WR1 课程，大二学习的 WR2 课程，大二选择专业后的专业写作（WIM）课程。WR1 课程以分析和研究为基础；WR2 课程聚焦写作、研究和口头表达，必须在二年级前完成；WIM 课程根据不同专业特点，指导学生如何专业写作。

（4）语言要求必修课程。该课程旨在促进每个学生基本掌握一门外语。外语学习在很大程度上扩展了学生的知识和表达范围，提供在其他教育活动中无法接触到的领域。

4. 专业必修课程

斯坦福大学机械工程专业的专业必修课程要求学生修读数学、科学、社会中的技术、工程基础课程、工程核心课程 5 种类型的必修课程（见表 4-3）。

表 4-3 斯坦福大学机械工程专业本科专业必修课程

课程名称及要求		学分
数学 　　数学课要求修满至少 24 学分，其中必须要修读以下课程，剩余学分课程在工程学院认可的其他数字课程中选择		24
CME 102/ENGR 155A OR MATH 53	工程师的普通微分方程 或 普通微分方程与线性代数	5
选择以下其中一个：	3~5	
CME 106/ENGR 155C	工程师的概率和统计学介绍	
STATS 110	工程和物理科学中的统计方法	
STATS 116	概率论	

续表

课程名称及要求		学分
科学 　　科学课程要求修满至少 20 学分，其中必须包括以下课程		20
CHEM 31M	化学原理加速课程	5
社会中的技术 必修 1 门课程；该类课程应从 AA 252，BIOE 131，COMM 120W，CS 181，ENGR 131（不再提供），HUMBIO 174，MS&E 193，或 ME 267 中选择		3~5
工程基础课程 　　必须修满 2 门课程		8
ENGR 14	固体力学入门	3
CS 106A or 106B	编程方法或摘要	5
工程核心课程 　　至少 68 个工程科学和设计 ABET 学分		68
ENGR 15	动力学	3
ME 1	机械工程简介	3
ME 30	工程热力学	3
ME 70	流体工程概论	3
ME 80	材料力学	3
ME 102	产品实现的基础	3
ME 103	产品实现：设计和制造	4
ME 104	机械系统设计	4
ME 123	计算工程	4
ME 131	传热学	4
ME 170A	机械工程设计：将背景与工程相结合 （2 学期的顶石设计课程）	4
ME 170B	机械工程设计：融入工程背景 （2 学期的顶石设计课程）	4

　　资料来源：Stanford University. Mechanical Engineering Program，2020－4－30，https：//ughb. stanford. edu/majors-minors/major-programs/mechanical-engineering-program.

5. 聚焦方向课程

除了完成核心要求外，学生必须选择一个聚焦方向（见表 4-4）。除了完成聚焦方向下特定的 2~4 门课程外，学生还需选修 2~3 门聚集方向课程，其中 1 门课程必须是学生所选聚焦方向下的技术选修课程，其他1~2 门课程既可以是学生所选聚焦方向的技术选修课程，也可以是其他聚焦专业方向的技术选修课程。最多 3 学分的独立研究（ME191）可以申请作为技术选修课程。①

表 4-4 斯坦福大学机械工程专业本科聚焦方向课程

课程名称及要求		学分
动力系统和控制方向		
ME 161	动态系统，振动和控制	3
ENGR 105	反馈控制设计	3
选择其中之一：		
ME 227	车辆动力学和控制	3
ME 327*	触觉系统的设计和控制	4
动态系统和控制方向选修课		
ENGR 205	控制设计技术简介	3
ME 210*	机电一体化简介	4
ME 220	传感器简介	3~4
ME 331A	高级动力学与计算	3
ME 485	人体运动的建模和仿真	3
材料和结构方向		
ME 149	机械测量	3
ME 152	材料行为和失效预测	3
材料和结构方向选修课		
AA 240	结构分析	3
MATSCI 198	材料的机械性能	4
ME 234*	神经机械学简介	3

---

① Stanford University. Mechanical Engineering Program，2020 - 4 - 30，https：//ughb. stanford. edu/majors-minors/major-programs/mechanical-engineering-program.

续表

课程名称及要求		学分
ME 241 *	纳米材料的机械行为	3
ME 281	运动的生物力学	3
ME 283 *	生物力学和机械生物学介绍	3
ME 287 *	生物组织的力学	4
ME 331A *	高级动力学与计算	3
ME 335A	有限元分析	3
ME 338	连续体力学	3
ME 339	使用 MPI、openMP 和 CUDA 的并行计算简介	3
ME 345	疲劳设计与分析	3
ME 348	实验应力分析	3
产品实现方向		
ME 127	增材制造设计	3
ME 128	计算机辅助产品实现	3
ME 129	制造工艺和设计	3
ME 348	实验应力分析	3
产品实现方向选修课		
ENGR 110	辅助技术的观点	1~3
ENGR 240	微型和纳米机电系统简介	3
ME 181	交付物：机械工程设计实习	3
CME 106	工程师概率和统计学介绍	4
ME 210 *	机电一体化简介	4
ME 263		4
ME 298	银器制作和设计	3~4
ME 309 *	机械设计中的有限元分析	3
ME 324	精密工程	4
热力学、流体和传热学方向		
ME 132	中级热力学	4
ME 133	中级流体力学	3
ME 149	机械测量	3

续表

课程名称及要求		学分
热力学、流体和传热学方向选修课		
ME 250*	内燃机	5
ME 257*	燃气轮机设计分析	3
ME 351A	流体力学	3
ME 351B	流体机械学	3
ME 352A	辐射传热	3
ME 352B*	热传导的基础知识	3
ME 352C*	对流式传热	3
ME 352D	米级热量、质量和电荷传输	3
ME 362A	物理气体动力学	3
ME 370A	能源系统Ⅰ：热力学	3
ME 370B	源系统Ⅱ：建模和高级概念	4
ME 371	燃烧基本原理	3
AA 283	飞机和火箭推进	3

说明：标有*的课程表示在 2020~2021 年不提供。

6. 顶石课程和实习

斯坦福大学机械工程专业的顶石课程（Capstone Course），是连续设置两个季度的 ME 170A 和 ME 170B 课程。学生需要在项目团队中工作，设计和开发一个工程系统，解决有紧迫社会需求的现实问题。第一季度重点关注确定需求，第二季度强调实施和测试。课程中，学生不仅需要学习并应用专业沟通技巧，还要遵守相关职业道德。

（三）加州大学伯克利分校机械工程专业本科培养方案

1. 培养方案的理念和思路

加州大学伯克利分校机械工程专业本科，旨在为学生提供丰富的教育内容，为学生在机械工程学习上打下良好基础。该专业为本科生在如下四个领域的就业或进一步研究做好基本准备：工业界、国家实验室、州和联邦机构、学术界（研究生研究项目）。

加州大学伯克利分校机械工程专业本科教育目标是：（1）学生本

科毕业后积极从事各类工作，包括进行研究生学习、在工程实践或是其他领域工作，例如科学、法律、医学、商业或公共政策等；（2）运用机械工程教育基础，以创造力、想象力、信心和责任感解决所有技术和社会问题；（3）积极寻求在专业和社会服务中的引领作用；（4）以高尚的道德、卓越的专业能力为该领域的整体提升贡献力量，并努力成为工程领域的杰出代表；（5）终身学习，对新事物、新技术、新挑战保持敏锐。

2. 课程结构

加州大学伯克利分校机械工程专业本科要完成四部分要求：一是完成加州大学系统的共同要求，二是完成伯克利分校的共同要求，三是完成工程学院的要求，四是完成机械工程专业的专业教育要求（见表4-5）。

表4-5 加州大学伯克利分校机械工程专业本科课程

课程名称及要求		学分
低阶课程（Lower Division Requirements）		
数学		12
MATH 1A	微积分	4
MATH 1B	微积分	4
MATH 53	多变量微积分	4
MATH 54	线性代数和微分方程	4
物理		8
PHYSICS 7A	科学家和工程师的物理学	4
PHYSICS 7B	科学家和工程师的物理学	4
化学		3~5
CHEM 1A 或 CHEM 4A	普通化学或普通化学和定量分析	3~5
工程学		20
Engin 7	科学家和工程师的计算机编程入门	4
Engin 26*	设计的三维建模	2
Engin 29*	制造和设计交流	4
Engin 78*	工程师的统计和数据科学	4

续表

课程名称及要求		学分
MECENG 40	热力学	3
MENG C 85	固体力学简介	3
高阶课程（Upper Division Requirements）		
机械工程		24
ME 100	物联网的电子产品	4
ME 102B	机电一体化设计	4
ME 103	实验和测量	4
ME 104	工程力学Ⅱ	3
ME 106	流体机械学	3
ME 108	工程材料的机械行为	4
ME 109	热传递	3
ME 132	动态系统和反馈	3
技术选修课程		15

12学分从高阶课程中获得，其中：

（1）至少9学分必须从机械工程专业的高阶课程获得，须满足以下要求：

1门课程必须从设计课程中选择：

Engin 128, ME101, 110, C117, 119, 130, 135, 146, 165, C176, C178

1门课程必须从定量科学课程中选择：

Engin 117, 150, 177；ME 120, 131, C134, 136, C180

另外可算作9学分的定量科学课程，可在该网页的列表中获得

（2）不超过3学分可以从低阶课程中获得

人文社会科学课程

修读2门阅读和写作课程，A部分课程须在大一完成，B部分课程须在大二前完成

修读4门其他课程

自由选修课程

可以是技术或非技术课程，可以是任何院系的课程

选修相应的学分，以达到获取学位应修满120学分的基本要求

大学/校区要求课程

包括入门写作；美国历史；美国历史和制度；美国文化

资料来源：University of California, Berkeley. Mechanical Engineering. Undergraduate Program and Admissions, 2020-4-30, https：//me. berkeley. edu/undergraduate/。

3. 通识教育

加州大学伯克利分校机械工程专业本科对通识教育有三方面要求。①

一是加州大学的要求。加州大学对本科学位有两部分基础要求：入门写作（Entry-Level Writing）、美国历史和制度（American Histoy and Institutions）。入门写作课程，要求本科生必须熟练使用英语进行学术写作。如果学生在进入大学时没有参加分析性写作定级考试（Analytical Writing Placement Examination，AWPE）或以其他方式达到入门写作要求，需要在第一学期参加 AWPE。如果参加 AWPE 但没有通过，学生应该在第一学期报名参加大学写作 R1A。

二是伯克利分校的要求。伯克利分校对本科生的要求是必须完成美国文化课程（Amrican Cultures，AC）。该课程向学生展现美国文化的多样性，关注美国社会、历史、文化方面的议题，讲授美国多元文化传统是如何塑造美国人的身份认同。

三是工程学院的要求。学生在完成专业教育之外，还需要完成至少 6 门人文社会科学方面的课程。

4. 专业教育

机械工程专业教育包括低阶课程、高阶课程、技术选修课程。低阶专业课程包括：4 门数学课程、2 门物理课程、1 门化学课程、6 门工程学课程。高阶课程包括：物联网的电子产品、机电一体化设计等 8 门机械工程课程。技术选修课程包括：设计和定量科学的高阶课程及低阶课程。②

5. 自由选修课程

学生可以选择任何院系的技术或非技术课程，以使总体学分达到 120 学分的基本要求。

---

① University of California, Berkeley. The College of Engineering. Degreerequirements, 2020-4-30, https：//engineering. berkeley. edu/students/undergraduate-guide/degree-requirements/.

② University of California, Berkeley, The College of Engineering. Mechanical Engineering 2019-20 Degree worksheets, 2020 - 11 - 30, https：//engineering. berkeley. edu/wp-content/uploads/files/docs/me-worksheet-2019. pdf.

（四）代尔夫特理工大学机械工程专业本科培养方案

1. 培养方案的理念和思路

代尔夫特理工大学认为机械工程师是技术发展与社会之间的纽带。机械工程师要参与设计、制造和改进所有促进人类生活更便利、更安全和更可持续发展的领域的工作，例如设备、工具、电器、机器和工厂等。由于社会不同行业中技术系统和流程变得越来越复杂，使得机械工程专业毕业生的就业范围更加广泛，包括大型跨国公司、小型工程公司、政府机构、教育领域等。

代尔夫特理工大学机械工程专业本科主要聚焦四个方向：（1）机电一体化和机器人技术。从日常生活到工作，从智能手机到汽车，从芯片工厂到装配线，装有集成电子器件的机械工程无处不在，而机械工程师的任务则是确保电子和机械完美结合，使系统处于最佳运行状态。（2）精密仪器工程。机械工程师仍然是传统意义上的"工具制造者"，因此机械工程专业学生通常会在医疗技术领域开发和制造最前沿和最符合人体工程学的仪器。（3）能源设备技术。从燃煤发电站、燃油汽车和燃气供暖到来自太阳、风、水和生物质的能源，离不开相关技术的开发和实施，离不开训练有素的机械工程师。（4）材料科学。世界正在进行一场新材料革命，机械工程师正致力于具有储能、轻质、数据存储等特性材料的开发、生产和应用。

通过代尔夫特理工大学机械工程专业本科学习，学生将掌握数学和物理知识，学习生命周期、能源消耗、安全和回收等知识；学会以分析视角看待世界，批判性评估解决方案，设计更好的替代方案。

2. 课程结构

代尔夫特理工大学机械工程专业本科学制为 3 年，学生需要修满180 学分。① 一学年总时长有 40 周，分为 4 个学段，每个学段为 10 周时间。第一、二学年的课程包括三个模块，分别是数学模块、制造理论

---

① 代尔夫特理工大学机械工程专业本科学制 3 年，完成 180 学分（European Credit）。每周一共学习 40 个小时，其中：12 小时讲座、10 小时项目或实践、18 小时自我学习。

模块、项目模块，第三学年为混合模块，即辅修、数学、项目、社会与组织课程的结合。总体上，学生大约30%的学习时间用于项目模块，第一学年的项目学习由8人合作完成，第三学年完成学位论文项目时减少到4人合作完成。[①] 具体课程结构与设置见表4-6。

表4-6　代尔夫特理工大学机械工程专业本科课程

学年	课程模块	学段1	学段2	学段3	学段4
第一学年	数学模块	分析1	分析2	线性代数1	线性代数2
	制造理论模块	统计数据	强化训练	动力学概论	热流体
	项目模块	机械设计项目1	机械设计项目2	机械设计项目3A	机械设计项目3B
第二学年	数学模块	分析	微分方程	概率与统计	数值数学
	制造理论模块	刚体力学	流体动力学	信号分析	材料艺术
		连续体力学	热传递		
	项目模块	机械项目（AED&FEM）	过程工程和热力学	机电一体化项目	材料科学项目
第三学年	混合模块	辅修	辅修	数学：系统和控制技术	社会与组织：与英吉利公司合作
				数学：综合机械系统	项目：学位论文（研究方法论）
				项目：学位论文	

3. 课程内容

在第一学年每个学段的前期，学生将学习数学和力学课程，同时还会学习以应用为导向的机械课程，如轴承、气动装置等。在每个学段的后期，学生将应用前期课程中获得的知识，经历从问题探索到设计、施工，再到测试和评估学习过程。学生将学习3D建模和模拟等相关技术，同时还将锻炼学生口头陈述和报告的能力。在学年结束，学生以小组形式参加设计竞赛。

[①] Delft University of Technology. BSc Mechanical Engineering，2020－11－30，https：//www.tudelft. nl/en/education/programmes/bachelors/wb/bsc-mechanical-engineering/curriculum.

第二学年，学习重点从基础理论转向对力学和热力学的更深入的研究，以及对数学、材料科学和控制技术的更深入的研究。此外，学生还将学习先进的测量和分析技术理论课程，并以此理论知识为基础运用于项目课程和实践课程。

在第三学年的第一年期，学生可以在本院系、校内其他院系中选择一个辅修专业学习，也可以选择代尔夫特理工大学以外甚至国外大学的课程。第二学期开始，学生将与 3 名同学一起制订并执行一项研究或设计任务。完成第三个学年的学习任务，并且获得相应学分后，学生就可以获得理学士（BSc）学位。①

辅修课程设置在第三学年的第一学期，学生将有机会用 6 个月的时间开阔视野，选择以最适合自己的方式探索感兴趣的学科。机械工程专业可选择生物医学工程、机器人学和帆船游艇等辅修课程。学生也可以通过选择一个高度整合的课程模块、实习或国外课程来拓展学习经验。一个精心选择的辅修课程可以帮助学生找到适合的职业方向，或者帮助学生发现希望攻读的硕士课程方向。

4. 学习支持

在学习期间，学生不是一个人在战斗。在第一学年的学习中，导师将帮助学生熟悉校园生活和课程学习。每门学位课程都有学术顾问，帮助学生解决关于学位课程和与之相关的所有问题。此外，学院有一个由学生辅导员、心理学家和学习及职业顾问组成的支持小组，对学生学习计划、学习延迟和残疾人学习等问题提供帮助。

（五）帝国理工学院机械工程专业本科培养方案

1. 培养方案的理念和思路

帝国理工学院机械工程专业本科致力于培养 21 世纪工程师所需要的技能，包括想象力、创造力、知识敏锐性以及在多学科团队工作的能力。机械工程专业本科对每一学年末学生应该获得的学习结果进行了

---

① Delft University of Technology. BSc Mechanical Engineering, 2020－11－30, https：//www. tudelft. nl/en/education/programmes/bachelors/wb/bsc-mechanical-engineering/curriculum.

规定。

完成第一学年学习，可以选择退出并获得高等教育文凭（CertHE），至此学生应当能够：

（1）解释与机械工程职业相关的基础数学、基础力学、机电一体化和热流体领域的相关知识；

（2）思考操作规范、行业标准和质量问题如何适用于一般机械工程职业；

（3）应用设计过程和方法；

（4）评估工程材料、设备和工艺，以及基本机械工作坊实践的特点。

完成第二学年学习，可以选择退出并获得高等教育文凭（DipHE），至此学生应当能够：

（1）解释高等数学、机械、机电一体化和热流体领域以及与其职业相关的知识；

（2）描述、开发和运用服务工程系统分析数学和计算机模型；

（3）选择适合工程职业的管理技术，以及理解工程业务的商业和经济背景；

（4）在团队工作环境中应用先进设计流程和方法；

（5）以清晰、专业的方式报告技术内容、结果和数据。

完成第三学年学习，可以选择退出并获得工程学士学位（BEng），至此学生应当能够：

（1）研究和批判性评估概念与证据；运用诊断和创造性技能，培养出色的判断力，并确定和实现个人或团队制定的目标；

（2）设计、制造和测试工程设备，能以团队合作方式创造性使用、设计流程和方法；

（3）阐释现代社会和工业界中的知识产权问题，以及环境、法律和道德问题；

（4）在广泛的工程学科范围内构建物理和数学模型，并使用工程学科的分析技术对其进行评估和应用。

完成第四学年学习，学生可以获得工程硕士学位（MEng），至此学生应当能够：

（1）综合基本工程概念，应用到工业专业领域中并对其进行评估；

（2）在一系列工程学科中选择最先进的方法，分析复杂的数据，并进行相关场景模拟；

（3）开展研究或高级技术活动，对相关决策承担责任。

2. 课程结构

希望攻读机械工程专业本科并获得工程学士学位（BEng）的学生，必须申请进入工程硕士学位（MEng）学习。学生可以在完成前3年学习并达到要求后，获得工程学士学位（BEng）。以下将介绍四年学制的工程硕士学位学习的课程结构，其中学生每学年需要修满60学分，4年修满240学分。当完成第三学年学习时，学生需要修满180学分。① 第一学年课程包括9门核心课程，围绕三个技术主题：固体力学、热流体和机电一体化。第二学年是第一学年学习的延续，包括10门核心课程，进一步拓展三个技术主题的学习：一是设计和制造，二是数学和计算，三是专业工程技能。第三学年和第四学年为学生的未来意愿和志向设置多类型课程。第三学年，学生必须修读2门核心课程和1门必修课程；在选修课程方面，学生需要选修A、B、C组中至少1个组包含的2门模块课程，以及A、B、C、D组中至少3门模块课程。在第四学年，学生必须修满1门核心课程；在选修课程方面，学生需要选修A组里的1门模块课程，以及B、C组中的5门课程，其中选修C组模块课程不能超过2门（见表4-7）。

---

① 在帝国理工学院，每1个ECTS学分相当于25小时学习时间。因此，每个学生每年预期学习1500小时。学习类型主要包括面对面课程、独立学习和基于团队学习。在机械工程专业，在第一、二学年，学生将花费20%的时间在讲座、研讨和其他活动上（约300小时），花费80%的时间在独立学习上（1200小时）。在第三、四学年，学生将花费较少的时间在讲座、研讨和其他活动上（约60小时），剩余的时间将平均分配在独立学习和项目工作上（每项约600小时）。

表 4-7 帝国理工学院机械工程专业本科课程

学年	课程名称	组别	学分
第一学年	数学和计算 1	核心	15
	专业工程技能 1	核心	5
	压力分析 1	核心	5
	力学	核心	5
	材料学 1	核心	5
	流体力学 1	核心	5
	热力学 1	核心	5
	机电一体化 1	核心	5
	设计和制造 1	核心	10
第二学年	数学和计算 2	核心	10
	专业工程技能 2	核心	5
	压力分析 2	核心	5
	动力学	核心	5
	材料学 2	核心	5
	流体力学 2	核心	5
	热力学 2	核心	5
	热传递	核心	5
	机电一体化 2	核心	5
	设计和制造 2	核心	10
第三学年	专业工程技能 3	核心	10
	设计、制造和测试项目	核心	20
	Ⅰ-探索	必修	5
	压力分析 3A	选修 A	5
	断裂力学 A	选修 A	5
	热力学 3A	选修 B	5

续表

学年	课程名称	组别	学分
第三学年	流体力学	选修 B	5
	机电一体化 3A	选修 C	5
	机器动力学和振动 A	选修 C	5
	用于微控制器的嵌入式 C	选修 D	5
	设计、艺术和创意 A	选修 D	5
	系统设计和优化 A	选修 D	5
	聚合物的结构、特性和应用 A	必修 D	5
	计算连续介质力学 A	选修 D	5
	有限元素分析和应用 A	选修 D	5
	制造技术与管理 A	选修 D	5
	核心导论	选修 D	5
	摩擦学 A	选修 D	5
	数学 A	必修 D	5
	统计学 A	选修 D	5
第四学年	独立项目	核心	25
	飞机发动机技术	选修 A	10
	金属加工技术	选修 A	10
	未来清洁交通技术	选修 A	10
	机械传动技术	选修 A	10
	高级控制	选修 B	5
	高级应力分析	选修 B	5
	应用振动工程	选修 B	5
	燃烧科学	选修 B	5
	计算流体力学	选修 B	5
	复合材料	选修 B	5

续表

学年	课程名称	组别	学分
第四学年	接口和数据处理	选修 B	5
	核反应堆物理	选修 B	5
	核热液压	选修 B	5
	设计、艺术和创意	选修 B	5
	压力分析 3B	选修 B	5
	断裂力学 B	选修 B	5
	流体力学 3B	选修 B	5
	微控制器的嵌入式 C	选修 B	5
	系统设计与优化 B	选修 B	5
	计算连续介质力学 B	选修 B	5
	有限元分析与应用 B	选修 B	5
	跨院系交流课程	选修 C	5

资料来源：Imperial College London. Department of Mechanical Engineering，2020-4-30，https：//www. imperial. ac. uk/mechanical-engineering/study/undergraduate/。

3. 课程内容

第一学年，在"设计和制造1"课程中，介绍工程产品的实现以及对设计的理解和实践。在"数学和计算1"课程中，学生将学习支持技术主题的重要工程语言。在"专业工程技能1"课程中，学生将在实践中学习和理解工程师的商业运作技巧。

第二学年，在"设计和制造2"课程中，学生将学习设计、分析复杂机械系统的知识和技能，并培养团队合作能力。在"专业工程技能2"课程中，学生将学习一系列作为专业领域工程师所需的技能，包括数据收集、记录以及编写技术报告，熟悉机电一体化、材料、压力分析、动力学和热流体实验室的关键设备、工艺、数据分析和理论应用。

第三学年，"设计、制造和测试项目"这一核心课程，旨在加强和整合学生在工程科学、设计、制造和管理模块中所获得的知识和技能。

该课程会让学生在一个现实的有时间条件和预算限制的工程项目环境中工作。该课程锻炼学生团队与组织技能、分析和报告结果的能力，以提高就业竞争力。在"专业工程技能3"课程中，除了进一步促进学生了解金融、项目管理、道德和职业责任等非工程领域方面的知识，还包括了一个文献研究项目，旨在锻炼学生有效利用、分析判断和深入研究某一特定主题领域信息的能力。

第四学年，"独立项目"课程是学生锻炼研究技能的重要机会，学生会在一个核心研究领域，接受该领域专家的指导，独立完成一项研究。

（六）小结

本部分分析了三所美国高校和两所欧洲高校的机械工程专业本科阶段的培养方案，经比较发现美国和欧洲高校机械工程专业各具特色。美国三所高校机械工程专业总体呈现目标清晰、内容广泛、自主选择空间大的特点。目标清晰体现在，以通识教育为例，培养方案中会将通识教育模块单独列出并明确说明相关培养目标。内容广泛体现在，以通识教育为例，课程内容既涉及美国历史、文化、社会体制、政治等背景知识内容，也包含写作、语言、体育、基础科学知识等特定学科或专业领域的知识内容。自主选择空间大，是指美国高校的课程都设置了一定比例的技术选修课、限制性选修课、自由选修课、专业方向选修课等具有自主选择空间的课程。

欧洲两所大学机械工程专业本科呈现目标细化、内容精炼、设置结构化的特点。目标细化体现在，以帝国理工学院为例，其对每一学年末学生应该获得的学习结果进行了规定。内容精炼表现为欧洲大学的课程内容具有精心设计、明确对应人才培养目标的特点。设置结构化体现在，以代尔夫特理工大学机械工程专业本科为例，其课程结构呈现网块化。具体做法是将每一学年划分为4个学段，学生在每一学年的每个学段内，都按时间顺序依次学习数理知识、制造理论、设计项目、辅修、学位论文等课程模块。

二 世界一流大学土木工程专业本科培养方案之解析

(一) 麻省理工学院土木工程专业本科培养方案

1. 培养方案的理念和思路

MIT 土木工程专业的使命是重点关注人类建造环境及其复杂的基础设施系统,以及人类对自然环境的影响;目标是教育、培养工程师和研究人员,以其专业能力塑造土木与环境工程的未来。

MIT 土木工程专业本科教育的目标是把学生培养成为:工程领域的负责人;创建并发展自己新公司的专业工程师;在全美乃至世界各地政府部门、咨询公司、国际组织中供职的权威专家,致力于解决当今时代具有挑战性的问题;创造并传播新工程知识的重要研究人员和教授;成为终身学习者,例如进行其他专业研究生教育,或者选择成为其他专业和活动领域的积极参与者。[1]

2. 课程结构

除了对校级通识课有要求外,MIT 土木工程专业本科总学分为 180 学分,包括两部分:校级通识课,即全校限制性必修课 (General Institute Requirements,GIRs) 71 学分,17 门课程;系级课程 (Departmental Program,GIRs 要求之外的部分) 180 学分。校级通识课,即全校限制性必修课。系级课程中包含三个部分:(1) 系级通识课程 (General Department Requirements,GDRs)。和前文 MIT 机械工程专业本科不同,土木工程专业本科在系级课程层面也设有通识课程。该类课程主要侧重于数学、计算、概率、统计以及数据分析,为学习核心课程打下扎实学科基础。(2) 核心专业课程 (Core Subjects)。学生需要在环境、机械/材料、系统领域选择一个领域修读连贯一致的课程;(3) 聚焦工程内容的限制性选修课程。此外,学生还需要完成非限制性选修课程。[2] 具

---

① Massachusetts Institute of Technology. Department of Civil and Environmental Engineering,2020-4-30,https://cee.mit.edu/.

② Massachusetts Institute of Technology. Engineering (Course 1-ENG),2020-4-30,http://catalog.mit.edu/schools/engineering/civil-environmental-engineering/#subjectstext.

体课程结构见表4-8。

表4-8　麻省理工学院土木工程专业本科课程

校级通识课程	
课程类型及要求	门次
自然科学基础类课程	6
人文、艺术和社会科学课程 　　其中，至少2门课程须作为"沟通强化"（CI-H）满足沟通交流类课程要求	8
限制性科技选修课程（REST） 可通过系级课程计划中的1.00或1.000和18.03完成	2
实验课程 可通过系级课程计划中的1.101和1.102或1.106和1.107完成	1
总课程门次	17

体育教育和健康课程：包括游泳课程要求、4门体育课程

系级课程		
系级通识课程（General Department Requirements，GDRs）		54
课程编号	课程名称	学分
1或1.000	工程计算与数据科学或工程应用的计算机编程和数值方法简介	12
1.01	概率和因果推论	12
1.013	高级土木与环境工程设计（CI-M）	12
1.073或1.074	环境数据分析导论或多元数据分析	6
18.03	微分方程	12
核心专业课程（Core Subjects） 　　选择以下一个领域的核心课程		54~63

环境领域

课程编号	课程名称
1.018A［J］	生态学基础
1.060A	流体力学
1.061A	环境运输过程 I
1.070A［J］	水文和水资源导论

续表

课程编号	课程名称
1.080A	环境化学
1.091	旅游研究环境体验（TREX）：实地考察
1.106	环境流体输送过程和水文学实验室
1.107	环境化学实验室（CI-M）

力学/材料领域

课程编号	课程名称
1.035	材料力学
1.050	固体力学
1.060A	流体力学 I
1.036	结构力学与设计
1.101	土木与环境工程设计导论 I
1.102	土木与环境工程设计导论 II（CI-M）

系统领域

课程编号	课程名称
1.020	工程可持续性：分析与设计
1.022	网络模型导论
1.041	交通系统建模
1.075	水力资源系统
1.101	土木与环境工程设计导论 I
1.102	土木与环境工程设计导论 II（CI-M）

聚焦工程内容的限制性选修课程	48~60
专业课总学分	165~168
非限制性选修课程	48~60
专业课中可同时满足 GIRs 的学分	(36)
GIRs 要求之外总学分	180

3. 通识课程

MIT 土木工程专业本科通识课程包括两部分，一是按学校要求完成校级通识课程学习（这部分内容与要求在分析 MIT 机械工程专业本科培养方案时已介绍，不再赘述），二是需修读系级通识课程。系级通识课程是 MIT 土木工程专业本科教育的重要组成部分，一共 54 学分，具体课程内容如下。①

工程计算与数据科学。该课程在强调数据科学和问题抽象化的计算环境中提出工程问题，重点放在数据科学和问题上，涵盖探索性数据分析和可视化、过滤、回归等方法；为智慧城市应用程序构建基本的机器学习模型（分类器、决策树、集群）；实验室和编程项目专注于城市、基础设施和环境面临的问题。

工程应用的计算机编程和数值方法简介。该课程主要讲授工程环境中的计算和计算机编程（基于过程的和面向对象的编程）的基础知识；逻辑运算、浮点运算、数据结构、归纳、迭代和递归等推演方法；用于插值、回归、寻根、排序、搜索以及线性方程组和常微分方程解的计算方法；控制传感器和科学数据的可视化；如何从工程和科学应用中抽取案例。学生须使用 MATLAB 编程环境完成每周的作业。

概率和因果推论。该课程主要讲授概率和统计，重点讲授在工程环境中理解、量化和建模的不确定性与因果关系。课程前半部分主题包括事件及其概率、总概率和贝叶斯定理、离散和连续随机变量和向量以及条件分析。课程后半部分主题包括协方差、相关性、回归分析、因果关系分析、干预措施和假设检验。

高级土木与环境工程设计（CI-M）。该课程旨在让学生根据学习到的知识/技能，围绕共同感兴趣的主题与教师进行交流；让学生通过一学期的设计项目和相关作业，整合已有的经验和课程作业。通过该课程，学生组成团队开展他们所选择的项目，深入聚焦土木和环境工程的各种领域。在考虑项目的技术、环境和社会可行性的同时，团队在应用理论和方法方面表现出一定的创造力。该课程提供各种关于工程概念、工程实践与伦理方面的讲座，以及提供口头和书面交流指导和练习。

---

① Massachusetts Institute of Technology. Engineering（Course 1-ENG），2020-4-30，http：//catalog. mit. edu/schools/engineering/civil-environmental-engineering/#subjectstext.

环境数据分析导论。该课程主要讲授用于分析单变量数据集的理论和实践方法。主题包括统计推断的基础知识、趋势与平稳性分析、高斯随机过程、协方差和相关分析、频谱分析入门，让学生分析从民用、环境和系统领域收集来的数据。

多元数据分析。该课程主要讲授统计多元分析方法及其在分析数据和数学模型中的应用。主题包括抽样、实验设计、回归分析、规范测试、降维、分类数据分析、分类和聚类。

微分方程。该课程主要讲授微分方程，包括具有常系数的线性 ODE；复数和指数；非齐次方程：多项式、正弦和指数输入；振荡、阻尼、共振；傅里叶系列；矩阵、特征值、特征向量、对角化；一阶线性系统：正常模式、矩阵指数、参数变化；热方程、波动方程；非线性自治系统：临界点分析、相平面图。

4. 核心专业课程

核心专业课程是 MIT 土木工程专业本科教育中的重要组成部分，共54~63学分。学生需要从环境、力学/材料、系统三个领域选择一个核心领域修读。

环境领域课程旨在向学生介绍环境化学、生态学、流体力学和水文学的原理。选择此领域的学生需要完成 1 门田野调查课程、2 门实验课程。旅游研究环境体验课程（TREX）学习时间需三个星期，重在收集和分析数据。环境流体输送过程和水文学实验室课程主要是学习环境系统中质量传输和流量测量的基础知识，需要撰写正式的实验室报告，并进行口头汇报展示。环境化学实验室课程（CI-M）主要是练习在实验室和现场收集自然与工程生态数据，学习使用现代环境分析技术等。

力学/材料领域课程聚焦讲授材料、结构和流体行为的基本力学原理，不可压缩流体的力学原理，介绍天然和人造建筑材料的结构和特性，包括流变弹性、断裂力学、可塑性等，帮助学生熟悉结构系统、载荷和结构设计基础，包括确定和不确定结构的分析。此领域还包括 2 门土木与环境工程设计导论课程：一门课程通过开放式、学生驱动的项目激发学生主动学习，团队合作和流程设计；另一门课程通过项目导向专注工程设计原则，关注设计的构建和部署能否符合预期性能测试，锻炼学生实践动手、团队合作、沟通交流的能力。

系统领域课程介绍设计、分析、建模的可持续系统性方法；结合工程、数学和社会科学的案例介绍复杂的网络及其结构和功能；介绍运输系统建模、数据分析和可视化技术的基本概念；讲授水资源管理的优化与模拟方法及其在流域规划、灌溉和农业等可持续资源开发中的应用。此领域也包括2门土木与环境工程设计导论课程。

5. 选修课程

聚焦工程内容的限制性选修课程要求学生在土木工程专业内部或外部，选择4门限制性选修课程，以形成一个内容连贯一致的学习项目。

MIT要求土木工程专业本科学生修48~60学分的非限制性选修课程，以拓宽专业学习领域。例如，仿生力学和生物力学，能源，能量水连结，结构、建筑和设计，水处理与管理，可持续建筑与城市，系统，运输，水资源规划与管理，等等。

（二）斯坦福大学土木工程专业本科培养方案

1. 培养方案的理念和思路

斯坦福大学土木工程专业学士学位项目的目标是：（1）毕业生将具备成为土木工程或相关领域从业人员的能力；（2）毕业生将具备接受土木工程或其他领域研究生学习的能力；（3）毕业生将被期望作为负责任的专家，高效地开展独立性或团队性工作，以满足日益复杂的行业性和社会性需求。

斯坦福大学土木工程专业学士学位项目设定的本科生学习结果是：（1）有能力运用工程学、科学和数学原理识别、制定和解决复杂工程问题的能力；（2）在考虑公共健康、安全和福利以及全球、文化、社会、环境和经济因素的同时，有能力运用工程设计方案解决特定需求；

（3）具有与各种受众进行有效沟通的能力；（4）具有土木工程专业道德和专业责任，遇到问题可作出明智判断，并且充分考虑工程解决方案对全球、经济、环境和社会背景的影响；（5）有能力在一个团队里有效工作，与团队成员协同合作，共同制定目标、计划任务、实现目标等；（6）有能力开发和进行设计合理实验，分析和解释数据，并使用工程判断思维得出结论；（7）有能力使用适当的学习策略，根据需要获取和应用新知识的能力。

2. 课程结构

斯坦福大学土木工程专业本科课程包括校级通识教育和院系专业教育两部分。其中，校级通识课程在前文斯坦福大学机械工程专业部分已经详细论述，这里不再赘述。院系层面的专业教育课程包括四类课程：数学和科学、社会中的技术、工程基础课、工程深度课。① 具体课程设置与内容安排见表4-9。

3. 专业教育课程

数学和科学课程需修满45学分，社会中的技术课程必修1门课程，工程基础课程必修2门课程，工程深度课程包括专业核心必修课程和专业方向选修课程，专业核心必修课程包括19学分的课程，专业方向选修课程包括30学分的课程。学生要完成至少30学分的选修课程。学生必须在一个聚焦方向课程中选择至少12学分的课程，以及在另外三个聚焦方向中选择至少6学分的课程。同时，为了满足ABET标准，学生必须选择以下4门课程中的2门：CEE 101A，101B，101C和101D，前三门可以作为聚焦领域选修课程，后一门既可以作为聚焦领域选修课程，也可以作为专业核心必修课程。此外，学生还需要完成13~15学分的工程选修课程。

---

① Stanford University. Civill Engineering Program, 2020 – 4 – 30, https：//ughb. stanford. edu/majors-minors/major-programs/civil-engineering.

表 4-9　斯坦福大学土木工程专业本科院系专业教育课程

课程名称及要求		学分
数学和科学		45
MATH 19/20/21	微积分	10
CME 100 或 MATH 51	工程师的向量演算或线性代数与多元微分学	5
CME 102 或 MATH 53	工程师的常微分方程或线性代数常微分方程	5
STATS 110	统计方法	4~5
PHYSICS 41	力学	4
CHEM 31A 或 31M	化学原理	4
PHYSICS 43 or PHYSICS 45	电和磁，或光和热	4
以下至少选择一门：		
GEOLSCI 1	地质学入门	5
CEE 177	水生化学与生物学	4
社会中的技术		3
CEE 102	设计、施工和项目交付的法律和道德原则	3
工程基础课程		6
ENGR 14	固体力学导论	3
ENGR 90	环境科学与技术	3
工程深度课程		
专业核心必修课程		19
CS 106A/B/X	编程方法/抽象	5
CEE 100	管理可持续建筑项目	4
CEE 146S	工程经济和可持续性	3
CEE 183	高级顶点设计	4
ME 30	热力学	3
专业方向选修课程 　　在以下聚焦方向中，选择一个聚焦方向（选修至少 12 学分课程），选择三个聚焦方向（每个方向选修至少 6 学分课程）		30
建筑工程聚焦方向		
CEE 101C	岩土工程	4
CEE 120A	建筑造型设计与施工	3
CEE 122A+B	计算机集成建筑/工程/施工和计算机集成 A/E/C	2+2

续表

课程名称及要求		学分
CEE 131C	建筑物是如何建造的？物质性和建造方法	4
CEE 141A	基础设施项目开发	3
CEE 141B	基础设施项目交付	3
CEE 241	管理制造和施工	4
能源和气候聚焦方向		
CEE 63	天气和风暴	3
CEE 64	空气污染和全球变暖	3
CEE 107A 或 CEE 107S	理解能量或能源必需品	3~5
CEE 156#	建筑系统设计与分析	4
CEE 172	空气质量管理	3
CEE 176A	节能建筑	3
CEE 176B	100%清洁，可再生能源和存储一切	3~4
环境流体力学与水文学聚焦方向		
CEE 101B	流体力学	4
CEE 161I	大气环流	4
CEE 162D	物理海洋学导论	4
CEE 162F	海岸过程	4
CEE 162I	大气、海洋和气候动力学：海洋环流	4
CEE 166A	流域水文过程与模型	4
CEE 166B	水资源和危害	4
CEE 175A	加州海岸：科学、政策和法律	3~4
面向人类健康的环境质量工程的聚焦方向		
CEE 172	空气质量管理	3
CEE 173	城市用水	3
CEE 174A	为发展中国家和发达国家提供安全用水	3
CEE 174B	污水处理：从处置到资源化	3
CEE 175A	加州海岸：科学、政策和法律	3~4
CEE 178	人体接触分析简介	3
CEE 265D	发展中国家的水和卫生	3

续表

课程名称及要求		学分
感知、分析和控制焦点的聚焦方向		
CEE 101D	土木环境工程的计算	3
CEE 154	物理系统数据分析	3
CEE 155	土木环境工程的传感网路简介	3~4
CEE 156	建筑系统设计与分析	4
CEE 177L	智慧城市与社区	3
ME 161	动力系统、振动与控制	3
ME 210	机电一体化概论	4
结构工程与力学专业的聚焦方向		
CEE 101A	材料力学	4
CEE 101C	岩土工程	3~4
CEE 101D	土木环境工程的计算	3
CEE 180	结构分析	4
CEE 182	结构设计	4
CEE 192	岩石和岩土材料的实验室表征	3~4
CEE 151	计算力学导论	4
城市系统聚焦方向		
CEE 120A	建筑造型设计与施工	3
CEE 130	建筑设计：三维建模、方法、过程	5
CEE 156	建筑系统设计与分析	4
CEE 176A	节能建筑	3
CEE 177L	智慧城市和社区	3
CEE 243	城市系统工程概论	3
其他土木环境与工程选修课程 为了满足68学分的工程科学与设计课程的要求（基础课+核心课+选修课），剩余工程选修课学分： 其余选修课可以从7个专业聚焦方向中选择； 其他的工程基础课程也可以算，例如 ENGR10，15，21，25E 等		13
总学分		116

（三）加州大学伯克利分校土木工程专业本科培养方案

1. 培养方案的理念和思路

加州大学伯克利分校土木工程专业本科，旨在培养工程领导者，通过改善民用基础设施、保护资源、减轻自然灾害，以及提升工程和自然系统运作的有效性与可持续性，为解决社会问题做贡献。

加州大学伯克利分校土木工程专业对本科学生的学习结果有如下规定：（1）有能力运用数学、科学和工程知识；（2）有能力设计和进行实验，以及分析和解释数据；（3）有能力设计系统、组件或过程；（4）有能力在多学科团队发挥作用；（5）有能力识别、规划和解决工程问题；（6）理解职业责任和伦理责任；（7）有能力进行有效沟通；（8）理解工程解决方案在全球和社会背景下的影响；（9）认识到终身学习的必要性并付诸实践；（10）了解当代问题；（11）有能力使用工程实践所需的技术、技能和现代工程工具。①

2. 课程结构

加州大学伯克利分校土木工程专业本科课程包括两大类：基础课程，围绕土木环境与工程专业展开的课程。此外，土木工程专业本科生也要完成通识教育课程，这部分内容已在机械工程专业部分详述，此处不再赘述。② 具体如表4-10所示。

表4-10　加州大学伯克利分校土木工程专业课程设置

课程名称及要求		学分
基础课程		
数学		12
MATH 1A	微积分	4

---

① University of California, Berkeley. Department of Civil and Environmental Engineering. Undergraduate Student Learning Initiative, 2020-4-30, https://www.ce.berkeley.edu/undergrad/curriculum/initiative.

② University of California, Berkeley. The College of Engineering. Civil Engineering 2019-20 Degree worksheets, 2020-11-30, https://engineering.berkeley.edu/wp-content/uploads/files/docs/ce-worksheet-2019.pdf.

续表

课程名称及要求		学分
MATH 1B	微积分	4
MATH 53	多变量微积分	4
MATH 54	线性代数和微分方程	4
物理		8
PHYSICS 7A	科学家和工程师的物理学	4
PHYSICS 7B	科学家和工程师的物理学	4
化学		3
CHEM 1A	普通化学	3
数据、统计和计算		8
Engin 7	科学家和工程师的计算机编程入门	4
Data Science CS C8/Info C8/Stat C8	数据科学基础	4
选修课		6~8
基本科学选修课，从下选择1门：		3~4
CIVENG 70	工程地质学	
CHEM 1B	普通化学	
BIOLOGY 1B	普通生物学讲座和实验	
工程基础选修课，从以下选择1门：		3~4
CE 126	工程动力学和振动	
ENGIN 40	工程热力学	
MEC ENG 40	热力学	
COMPSCI/DATA/STAT C100	数据科学的原理和技术	
EECS 127	工程中的优化模型	
ME 104	工程力学Ⅱ	
围绕土木环境与工程专业展开的课程		
基础课		12~13
CE C30/ME C85	固体力学简介	3

续表

课程名称及要求		学分
CIV ENG 60	土木工程材料的结构和性能	3
CIV ENG 93	工程数据分析	3
CIV ENG 100 或 CIV ENG 132	初级流体力学或应用结构力学	4
应用课 完成9学分，从以下课程中选择：		9
CIV ENG C103N/ESPM C130/ GEOG C136	陆地水文学	4
CIV ENG 111	环境工程	3
CIV ENG 120	结构工程	3
CIV ENG 155	运输系统工程	3
CIV ENG 175	岩土工程和地质环境工程	3
CIV ENG 191	土木与环境工程系统分析	3
实践课 从以下课程中选择3门：		9~10
CIV ENG 11	工程系统和可持续性	3
CIV ENG 167	工程项目管理	3
顶石设计课 选择以下1门：		3~4
CIV ENG 105	面向全球转型的设计	3
CIV ENG 112	环境工程设计	3
CIV ENG 122N & CIV ENG 122L	钢结构设计和钢结构设计项目	
CIV ENG 123N & CIV ENG 123L	钢筋混凝土结构设计和混凝土结构设计项目	
CIV ENG 153	交通设施设计	3
CIV ENG 179	地质系统工程设计	3
CIV ENG 180	生命周期设计与施工	4
CIV ENG 186	智慧城市的物联网设计	3

续表

课程名称及要求	学分
围绕土木环境与工程专业展开的课程	
拓展课	9
人文社会科学课程 修读 2 门阅读和写作课程，A 部分课程必须在大一完成，B 部分课程必须在大二前完成。修读 4 门其他课程	
大学/校区要求课程 　包括入门写作、美国历史、美国体制、美国文化	

3. 专业教育

基础课程，包括 4 门数学，2 门物理，1 门化学，2 门数据、统计和计算等必修课；1 门基本科学选修课和 1 门工程基础选修课。围绕土木环境与工程专业展开的基础课有 4 门，应用课需要选修完成 9 学分，实践课包括 2 门课程和 1 门顶石设计课，拓展课则要求修读 9 学分的人文社会科学课程。

4. 学习评估

由教师和学生代表组成的土木环境与工程课程委员会每年从上述课程中评估 4~6 门课程，以核实学生的学习目标是否已经实现。评估内容包括与课程教师的讨论和对家庭作业、实验室经验、项目和考试的调查。负责每门课程的教师记录下学生的课程目标是如何实现的。这个过程反馈给教师，并提供一个持续的课程整体评估。土木环境与工程课程委员会每年向教师和系里的咨询委员会报告课程审议情况。为这些审查准备的文件会被用于未来每六年一周期进行的认证。

（四）代尔夫特理工大学土木工程专业本科培养方案

1. 培养方案的理念和思路

土木工程对生活环境的设计有着卓越贡献。全世界的土木工程师在建筑、水和运输等领域的大型项目中发挥着主导作用，提供使世界变得更安全、更宜居和更畅通的解决方案。如果希望使用智能解决方案来改善人们的生活环境，攻读土木工程专业将是正确的选择，该专业学士学位课程的特点是具有技术通用性、社会相关性和挑战性。

代尔夫特理工大学土木工程专业本科主要聚焦三个方向开设课程和展开研究：（1）水。随着气候变化和海平面上升，水领域知识变得至关重要。为使土木工程专业学生成为水务领域的专家，课程内容涵盖废水处理、灌溉技术、排水及排污系统的知识，学生将了解和掌握关于防洪、土地开垦、海岸加固、三角洲工程以及人类、自然和农业的适量用水等知识。（2）建筑。作为一名土木工程师需要对结构和建筑工程负责，需要确保建筑物、桥梁和隧道的安全性，确保它们能承受极端天气条件，使用正确材料，结构坚固，不会出现沉降。通过这部分课程，学生将学习建筑的可持续性和安全性，学习有关建筑材料的知识，以及如何计算材料成本；学习建筑的构建、负载和土壤条件；学习建筑的规划、预算、施工方法及环境影响。（3）运输。随着世界人口成倍增长，交通堵塞越来越严重。作为一名专注运输的土木工程师，要为公路和铁路的运输设计创新解决方案，关注交通网络的效率、流量和容量，以及新的交通方式。学生在此部分课程中学习如何将人员和货物高效、可靠地从 A 运输到 B，并尽可能减少对环境的影响。

2. 课程结构

代尔夫特理工大学土木工程专业本科学制 3 年（36 个月），要求获得 180 个 ECTS 学分。① 一学年总时长有 40 周，分为 4 个学段，每个学段为 10 周。第一、二学年中，学生在每个学段分别学习数学、基础知识、应用、施工现场四个课程模块。应用课程主要是关于建筑、水和运输领域的知识。施工现场课程包括实验室和技能学习，例如学习编程和绘图，完成被分配的工作就能获得相应的学分。第三学年，课程包括专业课程和普通课程两类。其中，在前两个学段，学生选择 1 门为期 6 个

---

① 欧洲学分互认体系（European Credit Transfer System，ECTS）是欧洲各国在高等教育领域互相衔接的学分系统，有利于各国高等教育之间的合作交流。在欧洲教育系统里，学生在一个完整的学年里需要获得 60 个 ECTS 学分。

月的辅修课程和 3 门为攻读硕士学位课程做准备的专业课程。当学生完成一个课程研究项目任务后，将被授予理学学士学位。[①] 具体三个学年不同学段的课程分布见表 4-11。

表 4-11　代尔夫特理工大学土木工程专业本科课程

学年	课程模块	学段 1	学段 2	学段 3	学段 4
第一学年	数学	分析	分析	线性代数 D1	线性代数 D2
	基础知识	结构力学 1	动力与建模	结构力学 2	结构和地基的设计 1*
	应用	土木工程导论*	整体设计*	建筑材料与环境*	运输与规划
	施工现场	施工现场实践 1-1	施工现场实践 1-2	施工现场实践 1-3	施工现场实践 1-4
第二学年	数学	微分方程	概率与统计学*	系统动力学	数值数学*
	基础知识	流体力学*	结构力学 3	土壤力学*	水利工程*
	应用	城市水管理*	混凝土与钢结构	结构和地基的设计 2*	水文学
	施工现场	施工现场实践 2-1	施工现场实践 2-2	施工现场实践 2-3	施工现场实践 2-4
第三学年	专业课程和普通课程	辅修（普通课程）	辅修（普通课程）	测量与绘图（普通课程）	专业领域课程 3
		辅修	辅修	道路与铁路工程（普通课程）	学士论文（普通课程）
				专业课程 1	
				专业课程 2	

说明：*号表示在当下学段中与施工现场课程有联系的课程。

[①]　Delft University of Technology, Bachelor of Civil Engineering, 2020-4-30, https://www.tudelft.nl/en/education/programmes/bachelors/ct/bachelor-of-civil-engineering.

3. 课程内容

第一学年，学生主要通过学习数学、机械和建筑等课程打下技术基础，熟悉建筑和运输领域的研究，以及学习与这些领域有关的应用软件，练习展示和报告等软技能，并开始学习结构设计和（技术）绘图。

第二学年，学生主要通过学习微分方程、系统动力学、流体力学和结构力学等科目扩展基础技术知识，熟悉水的研究领域，并开始学习编程。

施工现场课程，学习和应用关于建筑、水和运输领域知识，分为实验室和技能学习两部分，主要学习编程、绘图。施工现场课程属于必修课，虽然没有考试环节，但需要根据完成任务的情况接受评估和获得学分。

第三学年上半学期需要完成的辅修课程能够帮助学生扩大或加深研究工作。在辅修课程中，学生有机会用 6 个月的时间拓宽视野，以最适合自己的方式探索感兴趣的学科。或者也可以通过选择一个有凝聚力的课程包、实习或海外课程来拓宽学习内容。

第三学年的 3 门专业课程，需要从提供的课程列表中选择。由于该学位项目一般有 90% 的本科生将攻读硕士学位，专业课程列表中还标明了该门课程与硕士学位课程之间的关系，供学生选择时参考①（见表 4-12）。

表 4-12　代尔夫特理工大学土木工程专业本科专业课程

课程	建筑工程	环境工程	地质工程	地球科学与遥感	运输与规划	水资源管理	液压工程	结构工程
结构力学 4	***		*				*	***
混凝土结构 2	***		*				*	***
建筑结构 1	**							*
明渠流							***	
水工结构							***	*

---

① Delft University of Technology, Bachelor of Civil Engineering, 2020 - 4 - 30, https：//www.tudelft.nl/en/education/programmes/bachelors/ct/bachelor-of-civil-engineering.

续表

课程	建筑工程	环境工程	地质工程	地球科学与遥感	运输与规划	水资源管理	液压工程	结构工程
水系统分析		**				***		*
水处理简介		***				***		
道路和铁路的几何设计					***			
地下空间的利用			**					
孔隙介质中流动的力学和运输学			***				*	
水管理研究		*				*	*	
基础设施的整体设计	*							*
堤坝的监测和稳定性			**				*	*
气候影响与工程	*	*	*	**		**	*	*

　　说明：*** 表示与硕士学位课程的选修课程相关性最高，** 表示强烈推荐选修，* 表示与硕士学位课程有相关性。

（五）苏黎世联邦理工学院土木工程专业本科培养方案

1. 培养方案的理念和思路

苏黎世联邦理工学院土木工程专业的使命与规划、决策和建造密切相关。人类日常生活依赖着桥梁、隧道、水电站、公路和铁路网络，以及住宅、办公室和工业建筑的存在。随着现代社会对于建筑和基础设施标准和功能的可靠、高效和安全性要求越来越高，土木工程师在考虑环境因素的同时，必须确保建筑物和设施的功能规划、建造成本效益，以及运营和维护的经济性。

土木工程师，通常需要与建筑师、环境工程师、地理工程师、机械工程师、电气工程师、经济学家、律师和其他专家密切合作，为决策过程提供重要依据。土木工程师的工作领域通常有几种类型：在工程办公室和建筑公司；在各级政府机构；在电力供应和运输公司；在研究和教育领域。

2. 课程结构

苏黎世联邦理工学院土木工程专业本科学制为 3 年，共 6 个学期，共完成 180 学分。^① 本科课程包括四部分：一是通识基础课（general basic courses），包括数学、力学、计算机科学、物理学、地质学等；二是专业基础课（subject-specific fundamentals），包括岩土工程、结构工程、运输系统、水利工程和水资源管理、材料与过程工程等；三是社会科学课（social science subjects），包括法律、工商管理、系统工程等；四是实地课程、田野课程以及学士学位论文（project work, field courses, Bachelor's thesis）。^②

3. 课程内容

苏黎世联邦理工学院土木工程专业本科第一学年主要学习数学和自然科学的基础知识，如数学、力学、计算机科学、化学和地质学等，并在第一学年底进行考试。第二学年和第三学年主要学习特定学科的基础知识，培养核心能力，为硕士课程奠定基础。这些课程包括物理学、水力学、结构理论、材料科学和结构工程的基础知识、岩土工程、交通运输、施工技术、水资源管理等。考试将分为四个模块进行。第六学期开始进行学位论文的工作，既是学士学位项目的最后一项任务，也是学生有机会开展独立研究的第一个项目。1、3、5 学期的课程根据 2021 年秋季学期课程表整理，2、4、6 学期的课程表根据 2021 年数据整理，具体课程安排请见表 4-13。

表 4-13　苏黎世联邦理工学院土木工程专业本科课程

学期	课程名称	学分
1	分析学 I	7
	线性代数	5
	机械学 I：运动学和静力学	5
	地质学与岩相学	4
	私人建筑权	2
	民法简介	2

① 苏黎世联邦理工学院规定 1 学分等同于 25~30 小时的讲座、练习、备考与考试。

② ETH Zurich. Bachelor Civil Engineering, 2020-4-30, https：//ethz.ch/en/studies/bachelor/bachelors-degree-programmes/architecture-and-civil-engineering/civil-engineering.html.

续表

学期	课程名称	学分
2	分析学Ⅱ	7
	统计学与概率计算	5
	机械学Ⅱ：可变形固体和结构	6
	商业管理	2
	公共建筑法	2
	土木工程的化学	3
	公法介绍（法语）	2
3	分析学Ⅲ	3
	物理学	7
	水力学Ⅰ	5
	结构理论Ⅰ	5
	动力学	6
4	结构理论Ⅱ	5
	土壤力学	5
	钢结构Ⅰ	5
	交通规划	3
	材料学导论	5
	城市水管理	5
	大地测量学的基础知识	6
	田野课程	1周
5	岩土工程	5
	钢结构Ⅱ	4
	混凝土结构Ⅰ	5
	公共运输铁路	3
	材料实验室实践课程	4
	系统工程	4
	水文学	3
	材料实验练习	4
	项目工作：概念设计	3

续表

学期	课程名称	学分
6	结构混凝土Ⅱ	5
	施工方法	5
	岩石和地下建筑	6
	公路运输系统	3
	水利工程	5
	学士学位论文	8
透视科学	A类：促进一般反思能力 B类：对特定学科方法和内容的反思	至少3
	语言课程	不多于3

资料来源：ETH Zurich. Bachelor Civil Engineering, 2021-04-30, https://ethz.ch/en/studies/bachelor/bachelors-degree-programmes/architecture-and-civil-engineering/civil-engineering.html。

说明：透视科学课程是苏黎世联邦理工学院学习的一个组成部分。它通过讲座和研讨会，对历史、道德、认识论、法律、经济和政治背景进行研究，为自然科学和技术科学开辟新的视角。通过这类课程，学生学会识别和批判性地思考科学知识、技术创新、文化背景、个人和社会之间的联系，从而增强自己的反思能力，为未来社会和全球发展做好准备。

（六）小结

美国三所大学都在校级层面设置全校修读的通识教育模块，促进学生学习人文、艺术和社会科学，技术与社会，实验技能等方面的知识。通识教育课程外，美国三所大学的专业教育层次鲜明，遵循的课程结构逻辑具有一定的相似性。MIT土木工程专业本科遵循"系级通识课程—核心专业课程—聚焦工程内容的限制性选修课程—非限制性选修课程"的结构。系级通识课程注重数学、统计和计算；核心专业课程主要是围绕环境、力学/材料、系统领域学习。斯坦福大学土木工程专业遵循"基础课程—工程基础课程—工程深度课程"的结构。在工程基础课程的基础上，工程深度课程设置编程、管理、经济与可持续发展等核心课程；专业方向选修课程要求学生围绕建筑工程、能源和气候、环境流体力学与水文学，面向人类健康的环境质量工程，感知、分析和控制，结构工程与力学专业城市系统等土木工程应用领域。加州大学伯克利分校土木工程专业本科遵循"基础—应用—实践—拓展"的课程结构。基础课程既注重数理化以及统计和计算知识，又设置了土木环境与工程专业的基础课；应用课偏向工程应用；实践课偏向项目管理和工程设计；拓展课进一步拓展科学视野和专业视角。

欧洲两所大学土木工程专业本科都是3年制，为了促进学生通过较短学制的课程学习成为具备专业素质的人才，代尔夫特理工大学和苏黎世联邦理工学院都精心设计了目标清晰明确的结构化课程。代尔夫特理工大学土木工程专业本科的培养方案聚焦在水、建筑、运输三个专业领域上，并按照数学、基础知识、应用、施工现场四个课程模块，分阶段、分层次地培养基础知识、实验技能和实践能力。代尔夫特理工大土木工程专业还依据该专业学生的特点，即往年毕业生多数选择继续攻读硕士研究生，分析了第三学年的专业课程中每一门选修课程与硕士学位课程的关联程度，从而为学生选课和探索专业兴趣提供个性化指导。苏黎世联邦理工学院土木工程专业本科，在3年学习时间中为学生设置以学科专业知识为主的四个模块课程，分别是通识基础课、专业基础课、社会科学课和实践类课程。此外，学生还需要学习学校提供的透视科学课，以提高科学视野和反思能力。

三　世界一流大学化学工程专业本科培养方案之解析

（一）麻省理工学院化学工程专业本科培养方案

1. 培养方案的理念和思路

MIT认为化学工程师首先是问题解决者。拥有化学工程基础的人，可以在科学、工程、商业和政策领域从事各种令人向往的职业。化学工程师能够利用所学和拥有的技能在包括从能源到生物技术的各个领域、从医学到天体物理学的各个领域成为企业家、从业者和管理者。

MIT化学工程专业本科教育的目标是希望学生在毕业后：

（1）具备在现代化学和生物技术的基础科学和工程科学实践中的专业能力；

（2）在职业生涯中，能够创造性地应用化学和生物技术解决社会问题；

（3）通过了解影响其决策的环境、社会、安全和经济问题的更广泛背景，以及道德实践的最高标准，发挥领导作用；

（4）通过有效沟通，运用相关团队和项目管理等能力在专业和社区内高效工作；

（5）终身学习，以满足不断出现的新需求及其相关职业责任。

MIT化学工程专业本科预期的学习结果有两部分，第一部分是所有ABET认证工程项目认定的学习结果：

（1）有能力运用工程学、科学和数学原理识别、制定和解决复杂工程问题的能力；

（2）有能力运用工程设计满足特定需求的解决方案，同时考虑公共健康、安全和福利以及全球、文化、社会、环境和经济因素；

（3）具有与各种受众进行有效沟通的能力；

（4）能够认识到工程环境下的道德和专业责任，并作出明智判断，必须考虑工程解决方案对全球、经济、环境和社会背景的影响；

（5）有能力在一个团队里有效动作，使得团队成员协同合作，共同制定目标、计划任务、实现目标等；

（6）有能力开发和进行设计合理的实验，分析和解释数据，并使用工程判断思维得出结论；

（7）有能力使用适当的学习策略，根据需要获取和应用新知识的能力。

第二部分学习结果是针对化学工程本科专业的：

（1）应用基础数学、物理、化学和生物学的能力，这是现代技术实践的基础；

（2）应用质量和能量平衡、物理和化学平衡热力学以及热、质量和动量传递等工程科学的能力，这些是过程工程部件分析和设计的基础；

（3）在过程工程构件和系统分析与评价中应用科学与工程的能力；

（4）完成工艺部件和系统基本设计与优化的能力；

（5）理解分子结构及其相互作用，以及这些参数对宏观性质的影响；

（6）理解基础工程经济学，以及应用经济原理进行过程工程系统设计与优化的能力；

（7）在解决问题时使用计算机，以及在使用可用软件应用程序时使用基本设施的能力。

2. 课程结构

MIT 化学工程专业本科课程由三部分组成。一是校级通识课，即全校限制性必修课（General Institute Requirements，GIRs）71 学分，17 门课程。全校限制性必修课属于校级通识课，同前文 MIT 机械工程、土木工程专业，这里不再赘述。二是系级课程（Departmental Program，GIRs 要求之外的部分）174~183 学分。化学工程专业的系级课程中包含四个部分：（1）基础课程，主要侧重于化学方面的基础核心课程，以建立扎实学科背景；（2）中级课程，由 3 门专业课和 1 门实验室课程组成；（3）高级课程，由 3 门专业课和 1 门综合设计课程组成；（4）限制性选修课程，要求学生聚焦化学工程领域。三是非限制性选修课，共 48 学分。在校级通识课之外，学生必须修满 186~195 学分①（见表 4-14）。

表 4-14　麻省理工学院化学工程专业课程设置

校级通识课	
课程类型及要求	门次
自然科学基础类课程	6
人文、艺术和社会科学课程 其中，至少 2 门课程须作为"沟通强化"（CI-H）满足沟通交流类课程要求	8
限制性科技选修课程 可通过系级课程计划中的 5.12，5.07 [J] 或 7.05，5.611/5.612，10.301 和 18.03 完成	2

---

① Massachusetts Institute of Technology. Chemical Engineering（Course 10），2020 - 4 - 30，http：//catalog. mit. edu/degree-charts/chemical-engineering-course-10/.

续表

校级通识课	
课程类型及要求	门次
实验课程 可通过系级课程计划中的 5.310 完成	1
总课程门次	17

体育教育和健康课程：包括游泳课程要求、4 门体育课程

系级课程		
课程名称		学分
基础课程		54
5.12	有机化学Ⅰ	12
5.310	化学实验（CI-M）	12
5.601	热力学Ⅰ	6
10.10	化学工程导论	12
18.03	微分方程	12
中级课程		48
10.213	化学与生物工程热力学	12
10.301	流体力学	12
10.302	传递过程	12
以下课程选择一门：		12
10.26	化学工程项目实验（CI-M）	
10.27	能源工程项目实验（CI-M）	
10.28	化学—生物工程实验（CI-M）	
10.29	生物工程项目实验（CI-M）	
10.467	高分子科学实验（CI-M）	
高级课程		36
10.32	分离过程	9
10.37	反应动力学与反应器设计	12
10.490	化学工程综合设计	9
以下课程选择一门：		6
10.492A	化学工程综合设计Ⅰ	
10.492B	化学工程综合设计Ⅰ	

续表

系级课程	
课程名称	学分
10. 493	化学工程综合设计 II
10. 494A	化学工程综合设计 III
10. 494B	化学工程综合设计 III
限制性选修课程 需要满足以下三点： 　化学工程中 1 门至少 6 个学分的课程 　化学工程中 1 门至少 9 个学分的课程 　1 门至少 6 个学分的工程实验室课程	21~30
专业课总学分	174~183
非限制性选修课程	48
专业课中可同时满足 GIRs 的学分	(36)
GIRs 要求之外部分的总学分	186~195

3. 课程内容

MIT 化学工程专业本科教育的课程设置，能够使学生掌握物理、化学和生物工程、工程设计和合成技能的学术课程；创造性地塑造和解决复杂问题能力，如将分子信息转化为新产品和新工艺；促进在技术、经济和社会问题上，在工业界、学术界和政府中发挥引领作用。

MIT 化学工程专业本科，首先在校级通识课程层面学习包括物理、生物、数学等基础课程，以及人文、艺术和社会科学课程，还通过系级课程学习化学工程的核心课程，并在此基础上学习化学或生物的中级和高级课程，例如实验室课程和综合设计课程。四年制本科课程，从基础课程引向中级课程，再到高级课程，既为学生提供了该学科的基础知识，也加强学生应对高级工作的能力。课程允许学生集中精力在一些分支学科中，为工业、政府、医学健康相关的科学技术职业提供准备。由于该专业所在院系对化学和生物高度重视，会与医学预科顾问合作提供生物医学工程专业的辅修选择。

（二）斯坦福大学化学工程专业本科培养方案

斯坦福大学认为，依赖化学物质和材料的合成加工的众多行业对化学工程师的需求很大。除了化学、能源和石油工业等传统行业外，生物技术、制药、电子材料和设备制造以及环境工程方面的就业机会也在增加。每当过程涉及物质的化学或物理转化时，化学工程师的专业性就变得至关重要。例如，从事化学工业的化学工程师正在研究制造具有重要电气、光学或机械性能的新型聚合物材料。这不仅需要关注聚合物的合成，还需要关注生成最终产品所必需的流动和成型过程。在生物技术领域，化学工程师负责设计生产过程和设施，以利用微生物和酶来合成新药。化学工程师还通过开发技术和工艺来解决环境问题，例如催化转化器和废水处理设施，以此最大限度地减少对环境有害的产品的释放。

1. 培养方案的理念和思路

化学工程师负责用于生产、转化和运输材料的规划和设计。目前，化学工程师越来越多地参与到由新兴工艺技术支持的新产品设计中。这些活动从实验室实验开始，进而过渡到将技术应用到大规模生产中。斯坦福大学化学工程专业本科的使命是发展核心科学知识、数学和工程原理作为学生理解技术流程的基础。该专业本科的核心使命体现在以化学、物理和生物科学为基础的课程设置上。该课程体系为学生毕业后就职企业和政府部门或进行研究生学习提供了良好准备。

斯坦福大学化学工程系的任务是为下一代化学科学和工程领域的引领者提供专业培训、人力资源开发和学历教育。斯坦福大学化学工程专业本科的目标是：（1）毕业生将有效应用基本的化学工程原理、分析解决问题能力和沟通技巧，从事化学工程实践和学术研究等多种职业；（2）毕业生将成为终身学习者，尤其是在专业技能和社会期望不断变化的重点领域；（3）毕业生将成功开展工程或其他领域的研究生学习；（4）毕业生将考虑更广泛的社会、环境、经济和安全问题，并表现出高标准的职业和道德责任，成为社会和化学科学领域的负责任的公民和引领者。

斯坦福大学化学工程学位项目设立的本科生学习结果是：（1）有能力运用数学、科学和工程知识；（2）有能力设计和进行实验，以及分析和解释数据；（3）有能力在经济、环境、社会、政治、道德、健康和安全、可制造性和可持续性等现实约束条件下设计系统、组件或过程以满足所需需要；（4）有能力在多学科团队中发挥作用；（5）有能力识别、规划和解决工程问题；（6）理解职业责任和伦理责任；（7）有能力进行有效沟通；（8）理解工程解决方案在全球和社会背景下的影响；（9）认识终身学习的必要性并付储实践；（10）了解当代问题；（11）有能力使用工程实践所需的技术、技能和现代工程工具。

2. 课程结构

斯坦福大学化学工程专业本科需要完成校极通识教育和院系专业教育两大部分。其中，校级通识教育具体课程已经在前文斯坦福大学机械工程专业部分介绍，这里不再赘述。

3. 专业教育课程

院系专业教育包括五类课，包括数学、科学、社会中的技术、工程基础课、化学工程深度课。其中，数学课要求修满 19~25 学分，包括 3 门微积分必修课、2 门选修课。科学课需要修满 23~29 学分，包括有机分子的结构与反应性、通过化学认识自然界和非自然界等 5 门课程。社会中的技术课需要修满 1 门 3~5 学分的课程。工程基础课需要修满 7~9 学分，包括化学工程入门及工程学院的基础选修课。化学工程深度课需要修满 51 学分，包括化工热力学导论、生化工程、化工厂设计等 13 门必修课和 1 门选修课在微型和纳米级制造工程、创建和领导工程与科学产业的新企业等 9 门课程中选择①（见表 4-15）。

---

① Stanford University. Chemical Engineering Undergraduate Major, 2020-4-30, https：//exploredegrees-nextyear. stanford. edu/soe-ug-majors/chemeng/.

表 4-15　斯坦福大学化学工程专业本科专业教育课程设置

课程名称及要求		学分
数学 包括 3 门必修课和 2 门选修课		19~25
MATH 19	微积分	3
MATH 20	微积分	3
MATH 21	微积分	4
选择以下其中 1 门：		5~10
CME 100	工程师的矢量微积分	5
MATH 51 & MATH 52	线性代数、多变量微积分和现代应用和若干变量的积分微积分	5 和 5
选择以下其中 1 门：		4~5
CME 104 Or CME 106	工程师的线性代数和偏微分方程或工程师的概率和统计学介绍	5 或 4
科学		23~29
CHEM 31M	化学原理：从分子到固体	5
CHEM 33	有机分子的结构与反应性	5
CHEM 121	通过化学认识自然界和非自然界	5
PHYSICS 41 PHYSIC 41E	力学或力学、概念、计算和背景	4
PHYSIC 43	物理学和电磁学	4
社会中的技术		3~5
必修 1 门课程		3~5
工程基础课 必须修满 2 门课程		7~9
CHEMENG/ENGR 20	化学工程入门	4
工程学院的基础选修课		3~5
化学工程深度课		51
CHEMENG 110	化学过程建模、动力学和控制	3
CHEMENG 110A	化工热力学导论	3
CHEMENG 110B	多组分多相热力学	3
CHEMENG 120A	流体力学	3
CHEMENG 120B	能源与质量运输	3
CHEMENG 130A	微动力学—化学动力学分子原理	3
CHEMENG 130B	动力学和反应器设计简介	4

续表

课程名称及要求		学分
CHEMENG 150	生化工程	4
CHEMENG 180	化工厂设计	4
CHEMENG 181	生物化学 I	4
CHEMENG 185A	化学工程实验室 A	4
CHEMENG 185B	化学工程实验室 B	4
CHEMENG 171	物理化学基础	
化学工程深度选修课 　选择以下 1 门：		3
CHEMENG 140	微型和纳米级制造工程	
CHEMENG 142	异质催化的基本原理与能量转化的应用	
CHEMENG 160	高分子科学与工程	
CHEMENG 174	环境微生物学 I	
CHEMENG 177	化学与材料工程中的数据科学和机器学习方法	
CHEMENG 183	生物化学 II	
CHEMENG 190	化学工程专业本科生研究	
CHEMENG 190H	化学工程本科生荣誉研究	
CHEMENG 196	创建和领导工程与科学产业的新企业	
合计		108~118

（三）加州大学伯克利分校化学工程专业本科培养方案

1. 培养方案的理念和思路

加州大学化学工程专业所在的化学与生物分子工程系的使命是：为化学工程和相关领域的领导和创新职业提供教育；通过原创性研究和开发技术来扩大工程知识的基础，以满足社会的需要；通过对工业、政府和工程专业的服务使公众受益。化学和生物分子工程系这一使命，部分是通过化学工程认证学士学位课程实现的。本科课程包括技术课程和广度要求两大部分。本科课程设置广度要求，目的是教授清晰和有说服力的写作艺术，培养仔细阅读和有效评估证据的技能，并在历史和社会背景下传授知识。本科课程中包含的技术课程注重为学生提供广泛的教育，强调在科学和工程基础方面打下良好基础。

加州大学化学工程专业本科学位项目的教学目标是：（1）应用加州大学化学和生物分子工程教育赋予的知识和能力，通过解决问题来满足工业和全球社会的需求；（2）通过自我完善和教导他人来追求终身学习；（3）通过有效的沟通、团队合作、批判性思维、道德决策和创新，引领积极的变革，并为所在领域做出贡献。

2. 课程结构

加州大学伯克利分校的化学工程本科学位项目设置在化学学院下，其课程体系主要由通识教育课程和专业课程构成。通识教育要求修读人文和社会科学方面的课程，在前文机械工程专业部分已经论述，这里不再赘述。专业教育对广度的要求体现在，既包括物理、化学、生物等基础科学课程，也包括工程学、化学与生物分子工程、材料科学与技术等工程技术类课程；专业教育对深度也有要求，要求学生在高年级选修开放选修项目或聚焦课程项目，选择并围绕一个研究方向进行课程选修和学习（见表 4-16）。①

表 4-16　加州大学伯克利分校化学工程专业本科课程

课程名称及要求		学分
低阶课程		
人文和社会科学宽度课程 　需要修读阅读和写作课、美国文化课、其他宽度选修课。		19~22
化学		15
CHEM 4A	一般/定量分析	5
CHEM 4B	一般/定量分析	5
CHEM 12A+	有机化学	5
化学与生物分子工程		12
CHEM ENG 140	过程分析	4
CHEM ENG 141	热力学	4
CHEM ENG 150A	运输过程	4

① University of California, Berkeley. College of Chemistry. Chemical Engineering Major, 2020-4-30, https://chemistry.berkeley.edu/ugrad/degrees/cheme.

续表

课程名称及要求		学分
工程学		4
ENGINEERING 7（L）	科学家和工程师的计算机编程入门	4
材料科学与技术		4
Materials Science and Engineering 45 and 45L	材料的性质和实验室	4
数学		12
MATH 1A	多变量微积分	4
MATH 1B	线性代数和微分方程	4
MATH 53	多变量微积分	4
MATH 54	线性代数和微分方程	4
物理		8
PHYSICS 7A	科学家和工程师的物理学	4
PHYSICS 7B	科学家和工程师的物理学	4
生物或生物工程		3
BIOLOGY 1A 或 11（L）	普通生物学或生物工程或工程分子	3
高阶课程		
化学		3~4
CHEM 120A or PHYSICS 137A（H）	物理化学或量子力学	3~4
化学与生物分子工程		20
CHEM ENG 142	动力学	4
CHEM ENG 150B	运输过程	4
CHEM ENG 154	实验室	4
CHEM ENG 160	过程控制	4
CHEM ENG 162	设计	4
选修课和聚焦方向课程 　从开放选修项目或聚焦方向中选择一项完成。		18~24
开放选修项目 　3~4 个科学系列选修课，从物理和生物科学选修课列表中选择； 　3~4 个化学与生物分子工程系列选修学分； 　9~12 个工程系列选修学分，从工程选修列表中选择，其中 3~4 学分从低阶课程中选择，6~8 学分从高阶课程中选择； 　3~4 个工程系列选修课，可从学院所有本科专业下设置的工程选修课中选择，低阶或高阶课程皆可。		

课程名称及要求	学分
聚焦课程项目 　　可选择的聚焦方向有 6 个，分别是：生物技术、化学流程、环境技术、材料科学与技术、应用物理科学、商业与管理； 　　学生在大三结束前报告所选择的聚焦方向。	

3．专业教育

专业教育课程包括数学、物理、化学等基础科学课程，还包括工程学、材料科学与技术、生物或生物工程等工程技术课程。此外，专业教育还要求学生必须从开放选修项目或聚焦课程项目中选择一种完成。如果选择开放选修项目，需要修读科学系列选修课、工程系列选修课、化学与生物分子工程系列选修课。如果选择聚焦课程项目，需要从生物技术、化学流程、环境技术、材料科学与技术、应用物理科学、商业与管理这六个方向中选择一个方向的相关课程进行修读。

4．学习结果评估

测量和评价学生学习成果的方法有以下几种。

（1）直接评价：学生的课程作业

学生的每个学习成果，都在至少两门核心的化学工程课程中得到评估，并且这些课程在很大程度上应用了该成果。对于每个成果，核心课程选自课程的不同层次（如大二和大三），这样每个学生成果的发展，可以随着时间推移被监测。每门核心课程都至少被用来评估一个学生的学习成果。

每门课程的教师和研究生导师对学生的课程作业进行评估，并使用课程成果评估模板报告每个学生成果中不及格、通过或优秀的学生人数。成果评估模板也用于课程层次的成果评估。当一个课程的结果与给定的学生结果高度相似时，同样的测量方法被同时用于两者。结果评估模板中可以详细地看见学生的评估结果。每学期，成果评估模板由教员提交到伯克利在线课程管理系统，由系里的 ABET 协调员收集汇总。

每年 6 月，ABET 协调员使用成果评估模板中的数据生成一份定量的学生学习结果获得情况报告。成果评估模板数据被用来计算每个学生成果的通过率百分比，并显示随着时间推移的发展趋势。

（2）间接评价：学生调查和焦点小组

化学学院在每年的春季，调查毕业班学生的学习成果。完成调查是获得毕业典礼门票的必要条件。毕业班的学生需要对课程为他们实现每个学习成果所做的准备进行评分。调查结果在同年的 8 月前以电子表格形式报告给化学和生物分子工程系。

学生焦点小组每学年举行两次，给学生代表一个与教师代表讨论课程问题的平台。AIChE 午餐会在每个秋季学期，有 5~10 名来自伯克利AIChE 学生分会的学生参加。荣誉茶会在每个春季学期举行，有 10~15名来自各年级的化学工程荣誉学生参加。在这些焦点小组中，学生们被要求考虑学生的学习成果，并评价对此问题关注较好的课程，以及讨论哪些方面应该得到改进。学生的反馈被记录在会议记录中。

（3）评价和行动

本科生教育委员会在每年系部年度教员务虚会之前审议学生成果实现的直接和间接评价结果。在直接测量中，50%或更低的通过率被认为是学生成果的行动门槛。在学院务虚会上，将讨论处理任何需要提升学生学习成果的策略。所有需要改变课程的行动都由教师在务虚会上投票决定，并尽快实施。学生成果评价的结果在本科教育委员会的在线报告中公布。

（四）苏黎世联邦理工学院化学工程专业本科培养方案

化学和生物工程，可以理解为是从分子到产品的过程。在现代社会中，几乎每一样产品都是至少有一部分是由工业制造的化学物质或经过化学改变的原材料制成。化学和生物工程人员的主要任务之一是在工业层面开发和实施必要的转化过程，始终考虑经济效率和生态可持续性。因此，化学工程师活跃在工艺开发和生产领域。他们通常在材料生产、加工和精炼的地方工作，例如化学或制药行业，但也在其他加工行业工作，如金属和机器、电子、食品、纺织品和合成材料。化学与生物工程师的基本任务是开发分子和生物分子的新应用，以提高生活质量。

1. 培养方案的理念和思路

苏黎世联邦理工学院的化学工程学士学位项目的教育目标是促使拥

有化学工程专业学士学位的毕业生，在三方面有所收获。一是理解特定领域的知识，包括具备物理学、数学、统计学、生物学、计算机科学的基本知识，以及安全、风险和环境方面的知识；掌握开发方法和工艺的基本知识，通过这些方法和工艺在经济上、生态上和工业上将化学物质转化为可使用的产品，如材料和制剂；知道工艺对产品特性可能产生的影响、潜在副作用，废品以及与流通有关的风险。二是在技能方面，能够应用科学基础和工作方法来解决理论和实践上的化学工程问题；独立运用化学工程中的各种概念、原理和效果来理解和评估一般和具体问题；熟练运用重要的实验室技术；利用经济概念进行决策；进行科学文献研究。三是在个人和社会能力方面，能使用各种交流和信息媒体并批判性地评估其内容；以口头和书面形式正确和清晰地介绍科学内容；在团队中讨论化学工程问题，并共同寻求解决方案；从跨学科和社会联系的角度进行思考，并认识到本学科的伦理问题；经济地使用资源，并通过认识和考虑对自己和环境的潜在风险和危险来负责任地行事。

2. 课程结构

苏黎世联邦理工学院的化学工程专业的本科学位项目的学制为 3 年，共 6 个学期。学分要求是 180 学分，1 个学分等同于 25～30 小时的讲座、练习、备考与考试的工作量。

苏黎世联邦理工学院的化学工程的学士学位项目的课程包括三部分：一是通识基础课（general basic courses），包括化学、物理、生物、数学、计算机科学等；二是拓展课程（further lectures），包括化学工程、过程工程、商业管理等；三是实验室课程（laboratory courses）、案例研究（case studies）等（见表 4-17）。[①]

3. 课程内容

苏黎世联邦理工学院的化学工程的本科课程的前两年为学生提供坚

---

① ETH Zurich. Course Catalogue. Chemical Engineering Bachelor Course in Autumn Semester 2020, 2021-4-30, http://www.vorlesungsverzeichnis.ethz.ch/Vorlesungsverzeichnis/sucheLehrangebot. view? abschnittId=86982&semkez=2020W&ansicht=1&lang=de&seite=1.

实的化学科学基础，不仅包括物理化学、有机化学、无机化学、分析化学等核心课程，还包括数学、物理、生物学等基础科学课。除了核心课程以外，学生还接受了大量实验方法培训，并在实验室中花费大量时间，将理论概念应用于现实世界的问题。

在化学工程专业本科学习的课程的第三年，学生正式接触核心工程学科，学习和获得以经济和生态的方式进行规划、开发和优化工业流程时所需要的工程知识。在第一、二年级理论课程学习的基础上，学生将在第三年的实验室课程和案例研究中，进行化学流程的规划、建模和模拟过程。

表 4-17　苏黎世联邦理工学院化学工程专业本科课程

学期	课程名称	学分
1	普通化学（AC）I	3
	普通化学（OC）I	3
	普通化学（PC）I	3
	物理学 I	4
	数学基础 I（分析 A）	5
	计算机科学 I	4
	实习：普通化学	8
2	普通化学（AC）II	4
	普通化学（OC）II	4
	物理化学 I：热力学	4
	物理学 II	4
	数学基础 I（分析 B）	3
	数学基础 II（线性代数和统计）	3
	实习：五级和有机化学 I	8
3	无机化学 I	3
	有机化学 I	3
	物理化学 II：化学反应动力学	4
	生物学基础 II：生物化学和生物医学	4
	分析化学 I	3
	数学 III：微偏分方程	4
	实习：无极和有机化学 II	11

续表

学期	课程名称	学分
4	无机化学Ⅱ	3
	有机化学Ⅱ	3
	物理化学Ⅲ：分子量子力学信	4
	分析化学Ⅱ	3
	化学工程	3
	实习：物理和分析化学	10
5	化学工程热力学	4
	质量转移	4
	热传输和流体力学	4
	均质反应工程	4
	微生物学	2
	化学工程师的统计和数值方法	3
	发现管理	3
	案例研究：过程设计Ⅰ	3
	实验室学习	6
6	工业化学	4
	异质反应过程	4
	分离过程技术Ⅰ	4
	安全、环境方面和风险管理信息	4
	控制信息工程	3
	过程和化学工程中的建模和数学方法	4
	案例研究：过程设计Ⅱ	3
透视科学	A类：促进一般反思能力 B类：对特定学科方法和内容的反思	至少3
	语言课程	不多于3

4. 学习评估

评估内容包括考试、学期表现（报告、演讲）。评估成绩有"通过""不通过"。如果以考试方式评估，通常在课上进行，书面或口头汇报形式、考试时间、考试内容等会在目录中规定。

（五）帝国理工学院化学工程专业本科培养方案

1. 培养方案的理念和思路

化学工程师从事的工作是将原材料转化为人类日常使用产品，从吃的食物到穿的衣服，以及为世界提供动力的能源。帝国理工学院是英国第一个设立化学工程系的大学，为学生提供高水平前沿知识和宝贵的实践经验。

想要申请和攻读学士学位的学生，必须首先申请进入硕士学位项目的学习，当完成第三年学习并获得 150 或 180 学分时，学生可以退出并获得学士学位或荣誉学士学位。当学生继续完成第四年的学习并修满 240 学分，学生即可获得化学工程硕士学位。由于学生完成每一学年课程并达到一定要求时，学生都可以选择退出并获得高等教育文凭（CertHE/DipHE）或学士学位（BEng）。这里阐述了获得硕士学位和学士学位时，学生应当具备的知识、能力和素质。

当获得硕士学位项目时，学生应当能够获得：

——知识和理解。（1）精通化学工程相关的数学和科学的基本原理。（2）讲解反应工程、分离、转移过程、控制系统、过程分析和过程设计的先进原理和理论，并将其应用于实际工程情况。（3）理解过程工业的道德、健康、安全和可持续性要求。（4）获得和发展广泛的知识基础，包括商业、人文和文化、管理学科方面的知识。

——智力技能。（5）在开放性问题的背景下进行批判性思考，并制定调查和建模策略以解决问题。（6）具备计划、执行和报告独立研究计划或直接与工业有关的项目时所需要的技能。（7）运用工程判断，运用先进的诊断、建模和创新技能，以优化选定的化工系统的性能。

——实用技能。（8）安全启动、运行和关闭中试规模的工艺装置。（9）使用各种计算工具和软件包分析实验结果，以确定其准确度、精密度和有效性的范围。（10）针对各种与工业有关的问题进行计划、执行和试验，以选择最佳解决方案和交付既定目标。（11）反复设计、评估和优化选定的化工系统和工艺。

——专业技能发展。（12）具备一系列专业技能和专长，包括有效沟通、团队合作、时间管理和领导能力。（13）意识到化学工艺的道德、环境、经济和社会影响。（14）为持续专业发展而获得和发展技能。

如果学生选择退出硕士学位项目、获得学士学位项目，学生应当具备以下学习结果：

——知识和理解。包括：（1）运用和应用数学和科学的基本原理，这些原理是化学工程的基础。（2）讲解反应工程、分离、转移过程、控制系统、过程分析和过程设计的基本原理和理论，并能运用这些原理和理论解决所选的工程问题。（3）了解化工行业的道德、健康、安全和可持续性要求。（4）具有商科、人文科、管理学等学科的鉴赏能力。

——智力技能。包括：（5）批判性思考，制订解决实际工程问题的策略。（6）具备规划、实施和报告与工业直接相关的指导性研究或项目所需的技能。（7）运用工程判断，以优化选定化工系统的性能。

——实用技能。包括：（8）安全启动、运行和关闭中试规模的工艺装置。（9）为选定的工业相关问题计划和执行实验，并使用选定的计算工具和软件包分析实验结果，以确定其准确性和有效性的范围。

——专业技能发展。包括：（10）利用各种信息和通信技术包，通过口头陈述和书面报告进行有效沟通。（11）在团队中有效工作，在时间和资源限制下实现目标，同时适当尊重和认可团队其他成员的贡献。（12）展示有效的时间管理和领导技能。[①]

2. 课程结构

希望攻读化学本科专业并获得学士学位（BEng）的学生，必须申请进入硕士学位项目（MEng），可以在完成前 3 年学习并达到要求后，获得学士学位（BEng）。以下将完成介绍四年学制的硕士学位项目的课程结构，其中学生每年需要修满 60 学分，4 年修满 240 学分。当完成第三年学习时，学生需要修满 150 学分，如果修满 180 学分可以获得荣誉学士学位。[②]

---

① 根据帝国理工学院化学工程专业网页上的培养目标、课程结构等信息整理，https：//www. imperial. ac. uk/chemical-engineering/courses/undergraduate/。

② Imperial College London. Department of Chemical Engineering，2020 – 4 – 30，https：//www. imperial. ac. uk/chemical-engineering/courses/undergraduate/.

第一年课程包括9门课程，其中6门是核心课程，3门是必修课程。第二年是第一年学习的延续，包括7门核心课程和2门必修课程。通过前两年的学习将为接下来专业发展奠定坚实的技术和专业基础。第三年和第四年为学生根据意愿和志向量身定制课程提供机会。在第三年，学生必须修读7门核心课、2门必修课，以及需要选择1门选修课程。在第四年，学生必须修读1门核心课程，以及选修6门课程。在选修课程方面，要求学生要综合考虑，在第三年和第四年必须至少从A组选修课中选择2门，以及至少从B组选修课中选择2门（见表4-18）。

表4-18　帝国理工学院化学工程专业课程设置

学年	课程名称	组别	学分
第一年 （学生需修满所有核心和必修课程）	精通1	核心	5
	过程分析	核心	5
	化学工程实践1	核心	10
	传输工程1	核心	7.5
	热力学1	核心	5
	分离过程1	核心	5
	化学1	必修	7.5
	数学基础1	必修	10
	物理化学1	必修	5
第二年 （学生需修满所有核心和必修课程）	精通2	核心	5
	传输过程2	核心	5
	化学工程实践2	核心	10
	反应工程1	核心	7.5
	热力学2	核心	5
	过程动力学与控制	核心	5
	分离过程2	核心	5
	工程数学	必修	10
	化学2	必修	7.5

续表

学年	课程名称	组别	学分
第三年 (学生需修满所有核心和必修课程,以及选择1门选修课)	精通3	核心	5
	反应工程2	核心	5
	粒子工程	核心	5
	工艺设计	核心	10
	安全和防损	核心	5
	环境工程	核心	5
	化学工程实践3	核心	10
	工艺优化	必修	5
	I-探索	必修	5
	膜科学与膜分离	选修A	5
	核化学工程	选修A	5
	生化工程	必修A	5
	碳捕获和清洁化石燃料	选修A	5
	工艺传热	选修B	5
	高级流体力学	选修B	5
第四年 (学生需修满所有核心课程,以及选择6门选修课)	化学工程实践4	核心	30
	胶体与界面科学	选修A	5
	产品特性	选修A	5
	高级工艺操作	选修B	5
	高级工艺优化	选修B	5
	过程系统的动态行为	选修B	5
	化工动力系统	选修B	5
	制药工艺开发	选修B	5
	生物系统建模	选修B	5
	高级生物工艺工程	选修B	5
	生物系统中的传输过程	选修B	5
	流体的分子模拟	选修B	5

说明:"组别"一栏标注为核心的课程在课程体系中起到基础作用模块课程,对获得高等教育文凭或学士学位至关重要。标注为必修的课程是指,那些被指定为课程大纲中必须通过的课程。标注为选修的课程是指,那些某一个研究领域下同一个学科领域里可供学生选择的课程。在第三学年和第四学年选择选修课时应符合的要求:至少从A组中选择2门选修课程,至少从B组中选择2门选修课程。

3. 课程内容

化学工程专业的核心课程，涵盖基础科学和数学，以及这些基础科学知识如何应用于实际工程问题。前两年的学习帮助学生在科学、数学和工程的基本原理上形成坚实基础，通过学习化学工程的核心课程，建立健全的专业知识结构和形成适恰的工程判断力。随着课程的进展，学生可以根据兴趣定制学习计划，分别在第三学年、第四学年可以选择 1 门和 6 门选修课。

第四年的化学工程实践课程中，通过让学生参与有实质性任务的研究项目，帮助想要成为一名工程师的学生获得更多的实践经验。该课程由两部分内容组成，一是研究项目，学生需要完成高级研究项目；二是设计项目，学生主要承担一项涵盖化学工程项目所有要素的项目。这些要素包括：过程的合成，关键单元详细设计，设备控制（包括启动和关闭程序），工厂安全和布局（包括工厂的环境影响），制订合理的商业计划。

4. 学习评价

总结性和形成性评价，将同时用来证明学生是否达到预期的学习目标。

总结性评价主要在教学单元、项目、模块课程、学期或学年结束时，用于评估学生的学习情况。总结性评价运用多样化方式对学生进行评估，典型方式包括期末考试、课堂测试、课程作业、实验室实验以及个人和小组报告和演示。总结性评价的成绩将以加权的方式计入最终分数。

形成性评价的目标是监控学生的学习情况，以供持续、可用的反馈，以帮助学生改进学习，促进学术人员改进教学。形成性评价是非加权的，对学生的学习发展非常重要，因为它们会导致更好的总结性表现。形成性评价有助于学生发现在学习过程中的优势和劣势，帮助缩小知识差距，进一步拓展特定领域。形成性评价的典型方式包括问题单、个人和小组报告、项目报告草稿和实验室实验、试验工厂和实践工作。

学位项目的一些课程的一些评估也是非加权的（称为通过/失败要素），学生必须通过这些评估才能取得进展。这些类型的评估将在课程开始时明确指出。

（六）小结

美国三所大学化学工程专业的显著特色是培养目标与课程设置紧密联系与对应。麻省理工学院化学工程专业定位是为工业或政府以及医学健康相关的科学技术职业提供准备，因此其课程设置从基础课程引向中级课程，再到高级课程，既为学生提供了该学科的基础知识，也加强对学生应对高级工作的能力。同时，课程允许学生集中精力在一些分支学科或学科中。斯坦福大学化学工程本科专业的核心使命是为学生毕业后就职企业和政府或进行研究生学习提供良好准备，因此其课程设置以化学、物理为基础，并包括流体力学、能源与质量运输、高分子材料与工程、环境微生物学等多样化内容。加州大学化学工程专业所在的化学与生物分子工程系的使命是为化学工程和相关领域的领导和创新职业提供教育，以及通过原创性研究和开发技术来扩大工程知识的基础，并通过兼具深度和广度的课程体系来实现人才培养目标。

欧洲两所大学化学工程专业的显著特点之一是建立了本硕贯通机制。例如帝国理工学院对学生完成三年学习获得高等教育文凭（CertHE/DipHE）或学士学位（BEng），以及完成四年学习获得硕士学位时，学生在知识和理解、智力技能、实用技能、专业技能发展方面的能力做出规定。另一个显著特点是通过循序渐进的课程设置实现细化的人才培养目标。例如在苏黎世联邦理工学院的化学工程专业，学生前两年在物理化学、有机化学、无机化学、分析化学等课程中打下坚实基础，并接受了大量实验方法培训，学习将理论概念应用于现实世界的问题，在第一、二年级理论课程学习的基础上，学生将在第三年正式接触核心工程学科，并通过实践课程和案例研究学习化学流程的规划、建模和模拟。

第五章
A大学"拔尖计划"资优本科生
培养案例分析

一 A大学"拔尖计划"的探索与实践背景

(一)"拔尖计划"设立的战略背景

知识的持续创新和运用是社会发展源源不断的动力。以拥有一批世界一流大学的美国为例,率先进入知识经济时代后,高科技的井喷发展和从科技成果到生产力的迅速转换,依靠的是一大批数量多、水平高的拔尖创新精英人才的贡献和支撑。对学术杰出人才的众多研究,均揭示了他们具有很强的创造力,能够产生对某个领域有重大创造性贡献的成果。但在本科阶段,学生形成很强的创造过程和创造产品的概率都还很小,因而在显著的突破性学术成果未出现时,我们应该如何衡量拔尖创新人才的创造力培养成效?在资优人才培养的研究中,研究者发现很多个性特质是成功的重要因素,如对学术研究的兴趣、专注、勤奋、自信等。在本科阶段,我们可以通过对学生创造性人格培养,如学术志趣、专注力等,来培养未来科学研究的拔尖创新人才。关于创造力培养的研究除了关注人才的个体天赋本身之外,人才的培养环境也是研究的重点之一。大学本科的培养环节及富有刺激措施的外部环境,可以对学生的创造力及创造性人格的形成产生影响。

为了在本科生中培养一批"领跑者",在本科阶段就要关注学生科学研究基本素质的培养，给拔尖学生的未来创新铺垫知识基础，从 20 世纪90 年代以来在国家相关部委的推动下由部分高水平研究型大学主动进行探索，一般在全体本科生学习通识课程的基础上，也会设置招生人数有限的"特别学院"，为"最好的大学中最好的学生"营造通识学习的有利环境，为他们的创造力与创造性人格培养开发特色的培养环节，开展以"通识教育"或"通专结合教育"为人才培养模式的大学教育改革。

在我国，培养拔尖创新人才，尤其培养有志于投身、有能力进行科学研究的拔尖创新人才，已经成为一流大学的共同目标，更与"人才强国"的国家战略紧紧系于一脉。2009 年教育部等部门推出"基础学科拔尖学生培养试验计划"（以下简称"拔尖计划"），其目的就是在高水平研究型大学的优势基础学科建设一批国家青年英才培养基地，发现、培养和帮助一批有潜力成为科学家的学生成长为我国基础学科领域的新生力量，并逐渐地进入到高水平世界一流的科学家行列。该计划关注的重点是建立和完善我国有利于拔尖创新人才成长的培养体系，包括开发本科生选拔和动态进出机制，建立和营造适合拔尖创新人才成长的学习环境和培养氛围等。[①]

"拔尖计划"拔尖创新人才培养项目的共同特点是为学生实行通识教育的培养环节，即在大学本科通识教育改革的基础上，设立不同于其他专业的培养方案。本章将以 A 大学"拔尖计划"下开设的计算机科学试点班、力学试点班为例，分析两者的人才培养方案，比较两个班级与各自专业对应的非试点班的人才培养效果。在此基础上，分析 A 大学拔尖创新人才培养的特色与可改进方向。

（二）A 大学"拔尖计划"设立的实践背景

根据党和国家的人才总体战略以及 A 大学的发展定位，为努力满足新时代背景下社会发展对拔尖创新人才的复杂需求和清晰定位，A 大学推出"拔尖计划"试点班，2010 年被批准开展国家教育体制改革试

---

① 《基础学科拔尖学生培养试验计划实施办法》，2020 年 9 月 12 日，https：//www.xtjh. tsinghua.edu.cn/info/1019/1090.htm。

点项目"基础学科拔尖学生培养试验计划"。"拔尖计划"的总体目标是，遵循基础学科拔尖人才成长的规律，构筑基础学科人才培养特区，激励最优秀学生投身于基础学科研究，为国家培养一批学术思想活跃、国际视野开阔、发展潜力巨大的基础学科领域未来学术领军人才（顾秉林，2010）。通过"拔尖计划"试点班探索实践出关于拔尖创新人才培养的经验，成为破解学校人才培养中深水区问题的契机，也能为进一步提升学校本科教育质量提供体制机制创新的案例。

"拔尖计划"的培养理念是创立"领跑者"的核心理念，努力践行"自强不息、厚德载物"的校训在"跑"中体现出自强不息的精神与追求，在"领"中表现出厚德载物的使命和责任。该计划采用的策略是将培养环境中的各类资源进行整合，从学科发展、师资建设、生源选拔、学术氛围等多个方面凝练和集中有助于学生成才成长的资源，注重素质教育环节，搭建国际化、开放式交流平台，营造浓厚学术氛围（孙棋，2019），从而提高整体人才培养质量，增强学生的使命感和责任感，坚定理想，潜心钻研，勇攀科学高峰。

二　A大学"拔尖计划"拔尖创新人才的培养方案

（一）A大学计算机科学试点班的培养方案

A大学计算机科学试点班的培养目标：全面掌握人工智能基础理论与前沿应用知识，科研实践能力强，并能终身学习；熟悉人工智能前沿领域，具有良好科学素养和创新精神，成为能够从事人工智能领域研究的领跑国际拔尖创新人工智能领域人才；具有职业道德和社会责任感，具备与世界一流高校本科生同等甚至更高的竞争力。

计算机科学试点班希望培养的学生具备以下七项能力：（1）应用数学、科学和工程知识的能力；（2）发现、提出和解决工程问题的能力；（3）理解所学专业的职业责任和职业道德的能力；（4）有效沟通的能力；（5）认识终身学习的重要性并有效实施的能力；（6）具备从本专业角度理解当代社会和科技热点问题的知识的能力；（7）综合运用技术、技能和现代工程工具来进行工程实践的能力。

该学位项目的培养总学分是 153 学分，实习实践 17 周。其中，全校统一设置课程（校级通识教育课程）46 学分，院系设置课程（专业教育课程）107 学分，具体课程内容和要求见表 5-1。

校级通识教育模块课程，具体包括思想政治理论课、体育课、外语课、写作与沟通课、通识选修课、军事课程。其中，思想政治理论必修课程包括马克思主义基本原理、中国近现代史纲要、思想道德修养与法律基础等课程。体育课要求学生在本科毕业必须通过学校体育部组织的游泳测试。外语课要求学生必修 8 学分的外语相关课程。军事课程内容涉及军事理论和军事技能。此外，要求学生必修写作与沟通课程，并在人文、社科、艺术、科学四大课组限定选择 11 学分课程修读。

专业教育模块课程，具体有数学、物理等奠定学科知识基础的必修课程，有以计算机科学为主要内容展开的专业主修课程，此外还包括专题训练实践课程，在此基础上，学生完成综合论文训练要求 15 学分。

表 5-1 A 大学计算机科学与技术专业（计算机科学试点班）本科课程设置

单位：分

课程名称与要求	学分
1. 校级通识教育	46
（1）思想政治理论课（必修）	17
思想道德修养与法律基础	3
形势与政策	1
中国近现代史纲要	2
马克思主义基本原理	4
毛泽东思想和中国特色社会主义理论体系概论（1）（2）	4
习近平新时代中国特色社会主义思想概论	2
（2）体育	4

第 1~4 学期的体育（1）~（4）为必修，每学期 1 学分；第 5~8 学期的体育专项不设学分，其中第 5~6 学期为限选，第 7~8 学期为任选。学生大三结束申请推荐免试攻读研究生需完成第 1~4 学期的体育必修课程并取得学分。本科毕业必须通过学校体育部组织的游泳测试。

续表

课程名称与要求	学分
（3）外语（必修）	6~8
一外英语学生必修8学分，一外其他语种学生必修6学分。	
（4）写作与沟通课（必修）	2
（5）通识选修课（限选）	11
通识选修课包括人文、社科、艺术、科学四大课组，要求学生每个课组至少选修2学分。	
（6）军事课程	4
军事理论	2
军事技能	2
2．专业教育	107
（1）基础课程	36
1）数学必修	21
微积分	5
微积分	5
线性代数	4
抽象代数	4
数值分析	3
2）物理必修	8
普通物理（1）英	4
普通物理（2）英	4
3）学科基础课必修	7
数学电子技术基础B	3
计算机组成与系统结构	4
（2）专业主修课程	45
计算机入门	3
计算机应用数学	3
算法设计	4
计算理论	4
量子计算机科学	4
博弈论	4
分布式计算（基础与系统）	4

课程名称与要求	学分
量子通讯和密码	3
密码学基础	4
机器学习	4
高等计算机图形学	3
操作系统	4
（3）夏季学期和实践训练	11
信息物理	2
代数与计算	2
数据库系统概论	2
生物信息学概论	2
专题训练实践	5
（4）综合论文训练要求	15

（二）A大学力学试点班的培养方案

A大学工程力学专业（力学试点班）的培养目标是，定位于工科基础，致力于构建一个开放性的创新教育模式，以有利于学生成长为工程技术领域具有社会责任、专业伦理、人文关怀、领导力、国际视野和突出创新研究和发明能力的人才。

力学试点班的本科毕业生应达到的基本要求：（1）自强不息，厚德载物；爱国，敬业，社会责任感强；在校期间积极锻炼身体；具有良好的人文和科学素养，心理素质，交流沟通写作、合作团队和组织能力；具备全球事业和一定的跨文化环境下的交流、竞争与合作的能力。（2）掌握数学、物理、化学、生物、信息技术等基础学科方面核心课程的知识；掌握作为工科基础的力学核心知识以及力学或一门其他工科（如航空、宇航、汽车、土木、水电、能源、环境等）的基础专门知识；具备力学和工科的基本实验和设计技能；了解力学学科和若干重大工程的前沿领域发展动态。（3）积极思考并参与回答"钱学森之问"的探索和实践；具备自主学习的能力和一定的研究能力；具备创新性思维和综合分析的能力，以及综合运用所学科学理论提出和解决问题的方案，并解决工程实际问题的能力。

该学位项目总学分为169学分，授予学位是工学学士学位。本科阶段学制四年，按学制管理，前两年实行动态流动机制，高年级学生安排到国际著名大学进行研究性学习3~6个月。力学试点班的课程方案包括公共基础课、文化素质课、自然科学基础课、工科基础课、研究实践课程、暑期课程、SURF研学和综合论文训练专业课八大模块，具体课程内容与要求见表5-2。

公共基础课模块包括思想政治理论课、体育课、外语课、军事理论和军事技能课，这部分内容已在上文论述，这里不再赘述。

文化素质课模块，具有钱学森力学班特色。它要求学生在一系列推荐课程中选择6门课程。推荐课程包括人文、艺术与社科类以及综合贯通系列两大类，其中人文、艺术与社科类课程包括基础读写、断代史、哲学史等内容，综合贯通系列课程包括科学技术引导类课程与讲座。

自然科学基础课模块，要求学生修满22学分的数学课程，包括高等微积分、概率论与数理统计等必修课程；还要修满21学分的物理、化学和生物课程，其中必修课程有大学物理、物理实验等，选修课程有量子力学、大学化学等。

工科基础课模块，要求学生修满31学分课程，包括流体力学、固体力学基础等必修课程，也包括程序设计基础、有限元法基础、工程材料等选修课程。

研究实践课程模块，包括8学分的开放创新挑战研究与2学分的SRT。

暑期课程包括金工与现代加工技术实习与国际学者暑期课程。

此外，学生还需要完成综合论文训练和出国研学和实习。SURF研学和综合论文训练，需要学生完成综合论文训练、出国研学和实习环节。

专业课模块选修，要求学生修满不少于5学分的课程。该类课程提供力学专业、航天航空工程、能源三个专业模块，要求学生从中选择一个模块并选修其中的至少 2 门课程。

表 5-2　A 大学工程力学专业（力学试点班）本科课程设置（2017）

课程名称与要求	学分
1. 公共基础课程	31
（1）思想政治理论课	15
思想道德修养与法律基础	3
形势与政策	1
中国近现代史纲要	3
马克思主义基本原理	4
毛泽东思想和中国特色社会主义理论体系概论	4
（2）体育	4
第 1~4 学期的体育（1）~（4）为必修，每学期 1 学分；第 5~8 学期的体育专项不设学分，其中第 5~6 学期为限选，第 7~8 学期为任选。学生大三结束申请推荐免试攻读研究生需完成第 1~4 学期的体育必修课程并取得学分。本科毕业必须通过学校体育部组织的游泳测试。	
（3）外语	6~8
一外英语学生必修 8 学分，一外其他语种学生必修 6 学分。	
（4）军事课程	4
军事理论	2
军事技能	2
2. 文化素质课模块 包含人文、艺术与社科类及综合贯通系列，在以下推荐课程限选 6 门课程。允许选择其他 3 学分以上并被钱学森班项目组事先书面认可的文化素质课。	≥18
（1）人文、艺术与社科类推荐课程	
人文 1：	
写作与沟通	2
人文 2&3：下列基础读写、历史、哲学课中选择 2 门	5
基础读写：	
大学精神之源流	3
不朽的艺术	3
创新人才与大学文化	3

续表

课程名称与要求	学分
国际关系分析	4
科学革命	3
科学革命名著选读	3
本科生英文论文写作与发表（大三下与ORIC同步）	3
毛泽东思想与中国特色社会主义理论（小班课）	4
断代史：	
先秦史	3
秦汉史	3
魏晋南北朝史	3
隋唐五代史	3
哲学史：	
中国哲学史（1）	3
中国哲学史（2）	3
西方哲学史（1）	3
西方哲学史（2）	3
新雅课程：	
《史记》研读	3
艺术的启示	3
隋唐五代史	3
（2）综合贯通系列推荐课程：	
综合1：	
学术之道（必修）	3
综合2：下列跨界导引课中选1门	
超越学科的认知基础	3
数学、科学与哲学沉思	3
数理科学与人文（春季开课）	3
综合3：	
X-Idea（含今日与未来系列讲座）（必修）	4
3. 自然科学基础课模块	≥43
（1）数学课	≥22

课程名称与要求		学分
高等微积分（1）	必修	5
高等微积分（2）	必修	5
高等代数与几何（1）	必修	4
高等代数与几何（2）	必修	2
概率论与数理统计	必修	4
数学物理方法	必修	4
（2）物理、化学、生物课（必修和限选）		≥21
大学物理1	选修	4
大学物理2（需已掌握大学物理1知识）	必修	4
热力学与统计物理	必修	5
大学化学H	限选	4
大学化学A	限选	3
量子力学（1）	限选	4
量子力学	限选	4
生物（由导师制定具体课程）	限选	4
大学化学实验B	必修	1
现代生物学导论	必修	2
物理实验A（2）	必修	2
物理实验A（1）	必修	2
4. 工科基础课模块		≥31
动力学与控制基础	必修	5
流体力学	必修	4
固体力学基础	必修	5
机械设计基础	必修	3
电工与电子技术	必修	4
基础力学创新实验	必修	3
程序设计基础	限选	3
科学与工程计算基础	限选	4
有限元法基础	限选	4
计算流体力学基础	限选	3

续表

课程名称与要求		学分
系统科学概论	必修	1
工程材料	选修	3
5. 研究实践课程模块		≥10
开放创新挑战研究（ORIC）		8
SRT		2
6. 暑期课程（与学校短期出国计划二选一）		4
金工与现代加工技术实习		2
国际学者暑期课程		2
7. SURF研学、综合论文训练		≥10
综合论文训练		15
综合论文训练		7
出国研学与实习		3
8. 专业课模块选修 专业课包括力学、航天航空、机械、精密仪器、热能工程、汽车工程、土木工程、水利工程等模块。要求从中选择一个模块，至少学习该模块2门专业课程，总学分不少于5学分，且与工科基础课模块不重叠。有关模块和课程的选择，建议与导师商定后，根据今后拟从事专业方向的必修课和选修课要求确定。专业必修课和选修课要求，可查询相关专业的培养计划，并不限于以下推荐课程。		≥5
（1）力学专业方向		
塑性力学		2
复合材料力学		2
力学实验技术		3
空气动力学		3
粘性流体力学		3
冲击动力学		3
断裂力学		3
计算固体力学		4
（2）航天航空工程方向		
航天器动力学		3
航天器总体设计		3

续表

课程名称与要求	学分
飞行力学基础	2
航天器姿态控制系统	2
运动稳定性	2
飞机部件空气动力学	3
（3）能源方向	
传热学	3
燃烧学	3
热力设备传热与流体力学	4
叶轮机械原理	5

（三）A 大学"拔尖计划"培养方案的教育理念与思路

A 大学在培养拔尖创新人才承担着重大使命与责任，在"拔尖计划"中始终贯彻和实行以下两点人才培养理念。

一是课程设置注重学术志趣，培养家国情怀。"拔尖计划"试点班更为深入的课程与培养理念，在于更加注重学生学术志趣的培养，致力于通过通识教育来培养学生家国情怀。举例来说，试点班牵头开设由六位首席教授主讲的通识课程《学术之道》，通过首席教授讲授个人的成长过程，包括学术道路上的探索，工作生活中人生体验等，引发学生对科学和真理的热爱和好奇心，促进学生在遇到困难时坚定理想和责任感的信念。在开班典礼、荣誉的颁奖仪式、实践活动等各项教育教学环节中，"拔尖计划"试点班都积极融入思想政治教育，促进学生树立家国天下的心胸和信念。力学试点班会定期组织学生参观钱学森图书馆，以钱老爱国奉献、专业学术的精神感染青年英才。

二是学习环境搭建跨学科平台，鼓舞朋辈共进。试点班在特色人才培养基地的专门空间中搭建自由交流平台，在学科交叉环境中熏陶学生，在朋辈学习共进的氛围中鼓舞学生，促进不同领域学者与学生的学科交叉、思维碰撞。试点班的学生自觉营造着学习者交流的"社区"，例如物理试点班学生自发举办了沙龙，将科学知识分享作为本科学习生活的日常，在朋辈鼓励中挖掘个人的创造潜力。

结合研究者对于中国各大高水平研究型大学"拔尖计划"10 年来探索成果的总结（李曼丽、苏芃、吴凡、张晓蕾，2019），A 大学"拔尖计划"试点班较好地体现出了"领跑者"理念，针对拔尖创新人才的课程与培养环节，努力探索拔尖创新人才培养模式。

一是注重个人学术兴趣，采用动态综合的选拔机制。对参与该项目的学生的选拔，除基本成绩，也重点考虑学生对学术方向的兴趣，通过面试、流动机制让创造个人效能高的学生进入改计划。A 大学的化学、生命学科两个学堂班把选拔环节设置在大二，也是期望学生在大一先接触科学研究，从而确定自己的兴趣与潜力所在。

二是注重专业能力的深度培养，突出课程的挑战度。正如前文对计算机科学试点班、力学试点班的培养方案的论述，A 大学"拔尖计划"的课程充分体现了通专结合、难度与深度兼具的课程设置特点。

三是开展多层次的科研实践训练，以激发创新能力。"拔尖计划"尊重学生的自主性、调动学生的积极性，鼓励学生参与多样化实践，包括着重培养学生自主独立科学研究的能力，为学生搭建科研实践基地与自主探索实验平台，开设探索性实验课程，为学生选派研究经验丰富的导师。在本科生导师制下，学生和导师一起围绕学生感兴趣的课题展开研究，共同研讨并完成研究计划，学生需要展示阶段性的研究成果。毕业班学生可以直接参与实验室的相关课题研究。

四是注重课堂教学改进，采用突出互动的教学方法，促进学生的自主性学习。A 大学"拔尖计划"试点班积极组织各学科讨论与凝练，打造核心课程体系。在课堂组织方面，力求小班化和多样化。在教学方法上，创新教学方式方法，开展研究型教学与研究性学习。

五是开拓国际视野，推行教学和研究全覆盖的国际交流。A 大学"拔尖计划"通过三方面措施积极发挥国内国外优势资源，促进学生接触国际前沿、开拓国际视野、增强学术自信。首先，邀请和支持世界知名科学家开展教育教学活动，包括到校讲课、给予学生指导、开设讲座等。其次，有计划、有目的地选派学生到国外一流大学开展联合培养、交换生项目、实验室研究等学习交流活动，部分学生的本科毕业论文直接受到国外教授指导。最后，引导学生积极参加国际科学研究、同辈讨论、会议交流等其他学习事项。

六是注重学术带头人的影响作用，以一流学者引领人才成长，帮助学生积累学术造诣。一方面，A大学为"拔尖计划"学生培养和各类项目活动的管理工作聘请了专业领域的世界知名科学家作为负责人，实现了首席教授负责制。另一方面，除了世界知名的科学家，专业领域的学者和行业领军人物，都被邀请作为"拔尖计划"的导师，通过参与教学、授课、指导学生等教育教学活动，把前沿的科学动态和先进的管理经验都带入到大学的拔尖人才培养中，形成了良性循环。

七是经费支出不断提升对于"营造学术氛围"的重视与投入。A大学通过举办各类学术讲座、组织读书会等丰富的课外活动，以及开辟专门空间等形式，积极营造学术氛围。例如，以拥有百年历史学堂作为专用教学场所，搭建国际化、开放式交流平台，营造浓厚学术氛围，引导学生增强使命感和责任感，坚定理想，潜心钻研，勇攀科学高峰。

三 A大学"拔尖计划"拔尖创新人才的培养成效

（一）计算机科学试点班与力学试点班的学生毕业去向分析

计算机科学试点班在本科成长与毕业去向方面表现具有突出特点。在对计算机科学与技术专业试点班和非试点班毕业生的毕业去向进行统计，可以发现试点班学生体现出持续、强烈的学术发展追求。主要体现在：2012~2017年，计算机科学与技术专业的试点和非试点毕业生中，选择深造的学生比例，均在60%以上。

图5-1描述了A大学计算机科学与技术专业试点班与非试点班继续深造比例，可以发现：2013~2017年，试点班毕业生，选择深造的学生比例，均高于非试点班毕业生。

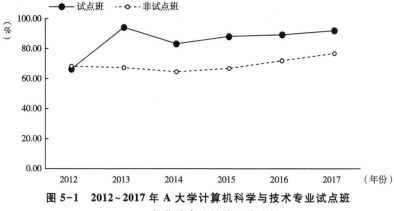

**图 5-1　2012~2017 年 A 大学计算机科学与技术专业试点班
与非试点班继续深造比例**

力学试点班在本科成长与毕业去向方面表现也有类似之处。在对工程力学专业试点班和非试点班毕业生的毕业去向进行统计,可以发现学堂班学生体现了较好的学术发展追求。主要体现在:2013~2017 年,工程力学专业试点班毕业生,选择深造的学生占所有毕业生学生的平均比例(94.42%),要高于非试点班毕业生(51.28%)。

图 5-2 描述了 A 大学工程力学专业试点班与非试点班继续深造比例,可以发现:2013~2017 年,试点班毕业生,选择深造的学生比例,均高于非试点班毕业生。

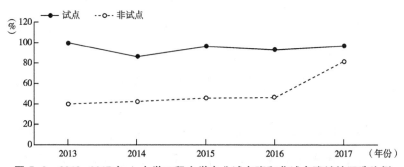

图 5-2　2013~2017 年 A 大学工程力学专业试点班和非试点班继续深造比例

A 大学"拔尖计划"试点班在拔尖创新人才培养上取得了成效,涌现了一批最具创造力的学术和产业人才。以计算机科学实验班为例,从创立至今人才培养成效突出，毕业生遍布国内外计算机产业和计算机科学研究的各个关键领域。截至 2019 年的数据显示：近五届学生已发表论文 110 篇，个人获得国家级以上竞赛奖项 12 人次，班内集体获得重大竞赛奖项 14 次，获得 A 大学特等奖学金 3 人。仅 2013 级试点班就涌现了诸多拔尖创新人才，该班级学术氛围浓厚，同学之间互相激发、合作研究，以及发表论文超过 60 篇。

（二）计算机科学与工程力学试点班学生自由探索空间感知

为了获得学生在试点班对自由探索空间的感知，研究者对 2018 届学生进行问卷调查和访谈。三个调查问题与结果如下：

问题 1：总体来看，你认为本科培养方案在多大程度上留给你自主探索和发展个人兴趣的空间？选择 1~7 分别表示自主程度由低到高。

计算机科学试点班学生选择 6 以上人数比例（45%）远高于计算机系非试点班（18.9%），力学试点班选择 6 以上的人数比例（53.9%）远高于航院非试点班（24.5%）。

问题 2：总体来看，本科期间的课程设置和安排在多大程度上让你可以按照自己的节奏和速度来学？选择 1~7 分别表示自主程度由低到高。

计算机科学试点班选择 6 以上的人数比例（55%）远高于计算机系非试点班（20.4%），力学试点班选择 6 以上的人数比例（38.5%）远高于航院非试点班（18.9%）。

问题 3：你在课程要求以外个人感兴趣的研究性学习上有多少投入？

每周投入 16 小时以上人数比例情况如下：计算机科学试点班有 45%，计算机系非试点班有 10.2%，力学试点班有 46.2%，航院非试点班有 17%。

结合调查结果及学生访谈内容，发现试点班课程设置与人才培养氛围中所体现的自由发展空间、朋辈学习环境、深度的国际视野开拓这三个要素对学生创造力与创新性人格影响很大。其中，试点班学生获得了较大的自由探索空间，促进学生按照自己节奏和速度学习，并对研究性学习有较多投入。

从试点班和非试点班的培养方案与课程设置的比较中可以发现，试点班低年级的课程重视基础，挑战度比非试点班班的同类课程更高；而高年级的课程强调差异化和个性化，允许学生根据自己的兴趣去自由地、深入地发展。此外，相比而言，学分的降低也对学生获得较强的自主学习能力提供了条件，从而进一步影响学生在科研成果、毕业生成绩、以及学术志趣的建立。

本章重点关注了Ａ大学"拔尖计划"计算机科学试点班、力学试点班为代表的拔尖创新人才培养项目。研究发现，"试点计划"融入通识教育的课程与培养环节设计目的在于培养学生的学术志趣，通过通识学习来培养学生家国情怀。而"试点计划"的通识教育培养，不仅在专门的课程建设，更体现在独特的通识学习的环境建设方面，在国内是少有的实践。另外，以计算机科学试点班、力学试点班与同专业非试点班的人才培养效果对比分析来看，这两个项目给予学生的自由发展空间、朋辈学习环境、深度国际交流的学习环境创设，应该说是培养试点班学生学术研究创造力与创造性人格的核心要素。

需要指出的是，我们以分析试点班本科毕业生去向表征他们的学术志趣与追求，这一分析有不足之处。因为毕业生是否有长期的学术追求，是否能够将学术追求和志趣转化为科学成就，需要更长久的追踪研究数据加以证明，目前的分析仅可当作权宜之下、对问题予以初步说明的分析策略。我们将继续关注和追踪试点班学生毕业后成长情况。

第六章
本科博雅实验区拔尖创新
人才培养案例分析

一　B大学X书院的设立背景①

2014年，在探索和创新本科教育改革过程中，B大学特别设立了一个"住宿制文理学院"（Residential Liberal Arts College，以下简称X书院）。经过两年的校内二次招生的试点后，第一批通过全国高考统招而选择该院系的学生，正式入读X书院，在全新设计的培养方案指导下接受4~5年的通识教育与专业教育培养。

X书院是在B大学校内文化素质教育改革的基础上，以培养拔尖创新的文理通识人才为目标而设立。书院的建立源于对高等教育理念和目标达成的某种共识，即：一个人接受高等教育是通过高等教育成为一个丰富、全面的人，这既是高等教育的经典目标所在，也是X书院的目标所在。在B大学迈入第二个百年发展、建设一流大学的关键时期，X书院的设立，一方面延续和发扬着B大学长时期重视通识教育的历史传统，另一方面总结前期20余年对于素质教育的实践经验，将成为实现未来B大学奋斗目标的一项重要且具备组织创新特征的人才战略。

---

① 本章内容为中国工程院高端智库重点课题"建设一流本科教育培养卓越拔尖人才研究"（课题编号：2018-GDZK-13）的阶段性研究成果，由丁若曦执笔完成。

B 大学 X 书院建立的重要目标是以新型人才培养模式探索通识教育的价值和意义。B 大学的专业教育向来为兄弟院校称道，但是通识教育却一直在探索中前行。也有教授认为 B 大学的专业教育中已经很好地融入了通识要素，这未免不是实施通识教育的有效路径。但至今缺乏研究和总结，B 大学进行了几十年的毕业生调查，仍然发现了培养过程中出现的问题，B 大学毕业生反馈，他们在知识和技术方面学习到的知识完全够用，但比较欠缺的是口语表达与写作能力、交流互动和团队合作能力等，这说明了在本科教育阶段加强这些能力培养的紧迫性，也从一个侧面证明 X 书院试点探索的必要性。[①]

X 书院的建立还秉承了另一重要目标，即"消灭水课"。由于学生一进大学就已经选择了专业和有了所属院系，因此学生有非常强的"专业课""非专业课"的概念，院系通常也更重视本院系的专业课程，由此产生了"这个课不是专业课，这个课不重要""这个不是我的学生"的想法。因此，尽管 B 大学很早就设立了全校通识教育课程，但学校投入、教师投入和所达到的效果并不成比例，还经常被称为"水课"。因此，建立 X 书院的主要目标之一是希望用书院这种特殊的机制，在教师和学生之间营造良好的学习共同体生态，在非专业课程方面构建教师和学生的良性互动机制，以形成通识教育学习共同体。[②]

X 书院是 B 大学在探索书院制的改革与发展之路上，探索文理交叉通识教育和多学科、跨学科教育的一个重要载体，是探索与实践博雅理念的实验区，为具有较大综合发展潜力的学生提供优质的专业教育，培养具有全球视野、中国情怀、通专融合、交叉发展的优秀人才。X 书院的意义，不仅仅在于它是尝试通识课程新型学习模式探索的摇篮，还在于它探索另一种通专结合的培养模式，通过文理通识、通专并举、学科交叉、传承创新的培养环节，塑造学生远大抱负、人文心智和专业能力。

---

① 郑力：《欲戴皇冠，必承其重》，2021 年 5 月 30 日，https：//www.xyc.tsinghua.edu.cn/info/1048/1079.html。

② 《大学课堂该如何消灭"水课"》，2021-4-20，https：//www.tsinghua.edu.cn/info/1182/48271.htm。

X书院学生在入学时不分专业，在一年级统一接受通识教育。之后学生将根据专业兴趣和志向，自主选择其大学任何专业（临床医学除外），包括X书院的2个交叉专业——智能工程与创意设计（CDIE）、政治经济与哲学（PPE）。笔者关注X书院的培养模式之时，尚在X书院成立之初，作为一项拔尖创新人才培养的新型方案，无论设计得多么科学合理，回答上面提出的问题仍为时尚早。本章将对X书院的2个跨学科交叉专业的人才培养方案进行分析，同时也将对X书院学生对培养方案的适应性情况加以讨论。

二　X书院拔尖创新人才的培养方案

（一）政治学、经济学和哲学（PPE）专业本科培养方案

X书院政治学、经济学和哲学（PPE）专业的培养目标是：培养具有中国主体意识和广阔国际视野，适应并引领现代化与全球化，具备高尚人格品质和领导力，严谨创新的思维方式，扎实的哲学、政治学和经济学以及其他人文社科领域的专业知识和素养，以及完备的工作实践技能的领袖精英人才。

X书院希望毕业生应具有的知识、能力、价值观如下：追求真知和关注社会的精神，系统掌握中外哲学、政治学与经济学基础理论，掌握用人文社科思维方法分析政治、经济和社会复杂现象的能力，具备高强度阅读能力、批判性思考能力，以及出众的中英文语言表达能力，为进入国内外名校深造或进入公务员等国家企事业单位做好价值、能力和知识方面的准备。

X书院学生在完成第一年文理通识课程后，可申请进入PPE专业，本科最长学习年限为6年，达到学习要求的学生将授予法学学士学位。政治学、经济学和哲学学士学位项目的总学分为150学分，按本科四年学制进行课程设置及学分分配，其中校级通识教育课程共计59学分，专业教育课程91学分，其中学生自主发展课程12学分。具体课程设置见表6-1。

通识教育课程包括思想政治理论课（必修）、体育课、外语课、文

理通识课、军事课。

文理通识课要求至少修满 28 学分，由 16 学分的人文社科通识课、6 学分的数学课、（至少修满）2 学分的物理课、2 学分的信息类课、2 学分的生命类课构成。其中，人文社科通识课的选修课程涵盖文学、历史、哲学、艺术、社科、科学 6 大类。

专业教育课程要求修满 91 学分，由 48 学分的专业主修课、10 学分的专业选修课、6 学分的夏季学期和实践训练、15 学分的综合论文训练，以及 12 学分的学生自主发展课构成。其中，专业主修课包含政经哲研讨课，中国哲学、西方哲学、比较政治、经济史等课程。专业选修课包含社会统计学、社会理论、伦理学导论等课程。夏季学期和实践训练包括社会调查、社会实践、国家机关和国际组织实习等环节。综合论文训练要求不少于 16 周。学生自主发展课程则要求在导师指导下选修，可以从全校任何院系课程中选修，包括社科、人文、理工、艺术等课程。

表 6-1　B 大学政治学、经济学和哲学专业本科课程设置

课程名称与要求	学分
1. 通识教育课程	59
（1）思想政治理论课（必修）	17
思想道德修养与法律基础	3
形势与政策	1
中国近现代史纲要	3
马克思主义基本原理	4
毛泽东思想和中国特色社会主义理论体系概论（1）（2）	4
习近平新时代中国特色社会主义思想概论	2
（2）体育课 ［第 1~4 学期的体育（1）~（4）为必修，每学期 1 学分；第 5~8 学期的体育专项不设学分，其中第 5~6 学期为限选，第 7~8 学期为任选。学生在大三结束申请推荐免试攻读研究生需完成第 1~4 学期的体育必修课程并取得学分。本科毕业必须通过学校体育部组织的游泳测试］	4
（3）外语课 （英语学生必修 8 学分，其他语种学生必修 6 学分）	618

续表

课程名称与要求	学分	
（4）文理通识课	≥28	
1）人文社科通识课	16	
大学之道	2	
莎士比亚与政治哲学	3	
自我・他人・社会	3	
文学作品导读：西方现代小说	3	
中国现代文学经典	3	
十九世纪英国文学与艺术	3	文学
英国文学的人文理解	3	
文学名作与写作训练	3	
法律与文学	3	
文学与大学	3	
《史记》研读	3	
中国古代文明	3	
早期中国文明：从上古到西汉	3	
经典与想象：中国古代传说新读	3	历史
古希腊文明	3	
《资治通鉴》导读	3	
《孟子》研读	3	
美国的自由主义与保守主义	3	
西方思想经典与现代社会	3	
西方古代宇宙论	3	
西方近代哲学	3	
西方哲学（1）*	3	哲学
西方哲学（2）*	3	
中国哲学（1）*	3	
中国哲学（2）*	3	
伦理学导论	3	
经学概论*	3	

续表

课程名称与要求	学分	
艺术的启示	3	
意大利文艺复兴艺术	3	
建筑与城市文化	4	
世界电影十六讲	2	艺术
外国工艺美术史及设计史	2	
素描基础	3	
色彩基础	3	
主权与人权*	3	
政治哲学*	3	
政治学原理*	3	
比较政治*	3	
经济史*	3	社科
比较经济体制：新结构经济学分析*	3	
社会理论*	3	
中国社会：结构与变迁*	2	
科学革命	3	
科学革命名著选读	3	
科技发展与人类文明	3	科学
观测宇宙学：从太阳系走向宇宙深处	3	
物理宇宙学：从宇宙大爆炸到地外文明	3	
2）数学课	6	
微积分 C（1）	3	
微积分 C（2）	3	
线性代数（社科类）	4	
3）物理课	≥2	
物理学（3）	2	
物理学概论	4	
4）信息类课	2	
5）生命类课	2	

课程名称与要求	学分
（5）军事课	4
军事理论	2
军事技能	2
2. 专业教育课程	91
（1）专业主修课	48
政经哲研讨课（1）	3
政经哲研讨课（2）	3
政经哲研讨课（3）	3
政经哲研讨课（4）	3
中国哲学（1）	3
中国哲学（2）	3
西方哲学（1）	3
西方哲学（2）	3
政治哲学	3
政治学原理	3
主权与人权	3
比较政治	3
中级微观经济学	3
经济学原理（1）	3
中级宏观经济学	3
经济学原理（2）	3
比较经济体制：新结构经济学分析	3
经济史	3
（2）专业选修课 （在导师指导下选修，不限于以下列举的课程）	10
社会科学统计学入门	3
社会统计学	3
社会学概论	3
社会学的想象力：结构、权力与转型	3
社会理论	3

续表

课程名称与要求	学分
国际关系分析	3
伦理学导论	3
学术论文训练	2
经学概论	3
中国社会：结构与变迁	2
（3）夏季学期和实践训练 （由专业确定课程、基础技能训练、专题研究训练、专业实习实践等内容组成）	6
社会调查	2
社会实践	2
国家机关和国际组织实习	2
（4）综合论文训练 （要求不少于16周，集中安排在第7~8学期）	15
（5）学生自主发展课 （要求在导师指导下选修，可以从全校任何院系课程中选修，包括社科、人文、理工、艺术等课程）	12

说明：以上标∗的课程，供非 PPE 专业同学选修，计为 X 人文社科通识学分。

（二）智能工程与创意设计（CDIE）专业本科培养方案

X 书院智能工程与创意设计（CDIE）专业的本科培养目标是：培养既有扎实的工程基础和设计功底，又有专业审美能力的复合型人才。本专业旨在培养学生的科技与艺术的融合能力、以智能工程为中心的创新设计能力，以及结合信息产业和社会需求设计与开发智能产品的具有创新能力的人才。

X 书院学生在完成第一学年共同课程后，可申请进入本专业。本专业侧重培养学生科学与艺术的综合素质发展，强调理论学习与动手实践相结合，鼓励同学积极参加国际学术交流和全球范围内的世界知名企业实习项目。

该学位项目授予自动化专业工学第一学位和工业设计艺术学第二学位。本科学制 5 年，按照学分制管理机制，实行弹性学习年限。本科总学分 214 学分，其中春、秋学期课程总学分 177 学分，实践环节 22 学分，综合论文训练/毕业设计 15 学分。具体课程设置见表 6-2。

公共必修课程包括思想政治理论课、体育课、外语课。

人文社科通识课程有 16 学分。

数学与自然科学课程包括微积分、数值分析与算法等 21 学分的数学类课，以及物理学等 12 学分的物理类课。

专业课程一共 96 学分，包括设计学、自动化和机械工程 3 个专业的课程。其中设计学专业课涵盖素描基础、色彩基础、产品设计、用户体验与设计基础等课程，自动化专业课涵盖计算机语言与程序设计、数据结构、运筹学等课程，机械工程专业课涵盖工程制图、机械设计基础、机械材料学等课程。

自由选修课程有 4 学分。

实践环节部分包括军事理论与技能训练、外语实践、金工实践、专业实践、企业实践等 22 学分。

综合论文训练/毕业设计环节的实践要求不少于 16 周，一共 15 学分。

表 6-2　B 大学智能工程与创意设计专业本科课程设置

课程名称与要求	学分
1. 公共必修课程	28
（1）思想政治理论课	14
思想道德修养与法律基础	3
中国近现代史纲要	3
马克思主义基本原理	4
毛泽东思想和中国特色社会主义理论体系概论	4
（2）体育课 ［第 1~4 学期的体育（1）~（4）为必修，每学期 1 学分；第 5~8 学期的体育专项不设学分，其中第 5~6 学期为限选，第 7~8 学期为任选。学生在大三结束申请推荐免试攻读研究生需完成第 1~4 学期的体育必修课程并取得学分］	4
（3）外语课 （英语学生必修 8+2 学分，其他语种学生必修 6 学分）	6/10

续表

课程名称与要求	学分
2. 人文社科通识课程	16
3. 数学与自然科学课程	24
（1）数学类课	12
微积分 B（1）	5
微积分 B（2）	4
线性代数（1）	4
线性代数（2）	2
随机数学方法	3
概率论与数理统计	3
数值分析与算法	3
复变函数引论	2
（2）物理类课	12
物理学（1）	4
物理学（2）	4
物理学（3）	4
4. 专业课程	96
（1）设计学专业课	38
素描基础	3
色彩基础	3
色彩构成	2
平面设计表达	2
综合造型基础	4
创意思维	2
设计心理学 *	2
设计程序与设计思维方法智能硬件与智能交互 *	2
工业设计理论思潮与案例分析	2
产品设计（1）	4
产品设计（2）	4
综合表达	2
用户体验与设计基础	2
用户界面与设计概论	2

课程名称与要求	学分
（2）自动化专业课	34
计算机语言与程序设计*	3
电路原理（含实验）*	4
模拟电子技术基础（含实验）*	4
数字电子技术与逻辑设计（含实验）*	4
数据结构*	3
信号与系统分析*	4
自动控制理论*	4
线性系统控制工程	3
运筹学*	3
人工智能导论/模式识别/机器学习（三选一）*	2
（3）机械工程专业课	24
工程制图*	3
工程力学（理论力学、材料力学；含实验）*	4
机械设计基础*	4
机械制造基础	4
机械材料学（含实验）	3
机械系统设计技术	3
测试与检测技术基础*	3
5. 自由选修课程	4
6. 实践环节	22
军事理论与技能训练	3
金工实践	2
外语实践	4
专业实践	5
企业实践（1）	4
企业实践（2）	4
（1）综合论文训练要求 （要求综合论文训练/毕业设计环节的实践不少于16周，集中安排在第8学期）	15

说明：*标记的课程为自动化—学位课程。

（三）X 书院培养方案的教育理念和思路

1. 渊博雅正、器识为先、追求卓越、传承创新的办学理念

书院以"古今贯通、中西融汇、文理渗透"为宗旨，以"欲求超胜，必先会通"为导向，培养志向远大、文理兼修、能力突出、开拓创新的精英人才。

书院通过培养学生的独立思考能力、批判性思维、跨学科学习能力、对科学的好奇心、对自然和人类的关怀和审美，以及人际互动和沟通表达能力，促进学生在综合素质上达到厚积薄发的新高度。

2. 文理相长、通专融合、自择专业、全面发展的培养特色

书院的人才培养特色包含以下几个方面：文理相长，为学生提供优质的文理通识教育以及跨学科教育基本特色；通专融合，实现通识教育和专业教育相互融合，采用跨学科交叉的教育方式；自择专业，鼓励学生依据自己的兴趣和志向，自主决定深入学习的专业领域；全面发展，一切教育教学活动的目的是培养学生成为一个拥有学术研究、批判性思维、人机互动等多方面综合素质的人。

通识课程是 X 书院的特色基础课程，是实现 X 书院办学理念的重要载体。通识课程包括人文通识课程和数理通识课程 2 大类，教学活动在 B 大学早期建筑内进行。人文通识课程是以中国文明与西方文明、文化传统与当代精神、人文与科学为主线来设计，目的是培养同学们中西古今文理汇通能力和文化自觉，引导同学们把古今中外不同的知识和现象放在一起，用比较的、联系的、批判的、反思的眼光去看待、分析它们之间的联系和冲突，并提出新的解释和意义。书院的数理通识课程专门对数理课程做了梳理和筛选，在课程设置方面做了结构性设计，采取分层次教学的办法。不管学生今后选择什么专业，在书院都要学习与专业要求相对等的数学和物理。数理的训练是为了造就科学思维的头脑，掌握科学思维的方法，另外还需要了解科学发展历程及其与人类文明和社会发展之间的广泛联系。举例来说，书院为学生专门设计了物理学（1）（2）（3）课程。据组织这套课程的阮东老师介绍，这套课程将物理

的思维方法和人文精神、物理概念和图像、物理实验三部分有机衔接，在校内乃至国内都属于首次开设，由知名学者和教学名师联合讲授。①

通识课程不仅注重知识传授，更注重方法论指导，以深度学习、有效研讨、学科交叉、师生互动的教育教学方式，打开一扇扇认知和思考的窗口，激发和引导学生用联系的、发展的眼光，多方位、多视角、跨学科地观察和对待自己的专业，能准确定位所在学科专业领域，并对其发展历程与态势能有深刻的理解。书院从 2016 年开始招收第一批学生，包括文理类学生。2017 年，经过一年高强度文理通识课程学习，2016级学生共选定了 15 个专业，覆盖了 9 个学科门类。

3. 良性互动下的通识教育学习共同体

在 X 书院，通过构建各项制度机制保障师生、生生、学科之间的良性互动，包括实施导师制、本硕博统筹培养、校内专业有机衔接、混合住宿制等措施，有效促进和形成了教学与养成相融合、学习与实践相统一、通识与专业相交叉，由"通"到"专"、厚积薄发、传承创新的学术共同体。这些促进良性互动的保障机制有：

书院导师制类型丰富，包括常任导师、专业导师，全方位、多层次地促进师生互动。书院顶级名师云集，教师队伍中背景多元化，由理工、人文、社科多样化学科领域的优秀教师共同构成，同时也有中科院院士、长江特聘教授、973 位首席专家等顶尖科学家和权威专家。

X 书院与全校各专业有机衔接，书院学生与其他专业院系的学生享受同等学习资源，实施推荐免试直读硕士和博士制度，进行本硕博统筹培养。学生在保研时，院系会提交详细的评价方案，不会简单地计算学分绩。书院本科阶段设立荣誉学位（Honors Degree）。毕业生凭借开阔的国际视野、优异的会通能力、扎实的专业知识和良好的综合素质选择深造，或选择就业，成为各行各业的中坚和领跑者。

X 书院通过采用"住宿制文理学院"的住宿制度，即学生 4 年扎根

---

① 曹莉：《通达成新，识智方雅》，2021 - 4 - 20，https：//www.xyc.tsinghua.edu.cn/info/1112/1825.htm。

书院，学科混住，使得不同专业同学住在一起，通过思想碰撞、知识融合浑然天成地构成书院共同体氛围。X书院学生同时获得了大学的、X书院的、专业院系的三大资源，学习圈和社交圈必然大于一般专业院系。

三　X书院学生对培养方案的适应性分析

（一）第一批X书院本科生的分布特征

本节关注第一批X书院入学学生在文理通识学习环境中的学习效果与反馈。因为本研究开展时，X书院真正意义上的第一批本科学生尚且没有毕业，仅仅3年的人才培养过程尚不能体现出文理通识的拔尖创新人才培养效果。因而本章重点关注第一批学生在文理通识学习环境中的学习感知与适应性，试图回答"X书院的课程与培养环节有什么特点"，以及"以高考成绩为选拔标准、得以进入书院进行文理通识学习的学生，是否能够适应与学校其他院系截然不同的课程与培养环节"这两个问题。

本节讨论的对象是X书院第一批入学的本科生。样本总体共有学生65人，他们被分为2个行政班，但在宿舍分配、学生管理、课程安排、学习与活动类型上，并不存在行政班级的区分。其中，男女生分别为35人与30人，性别比例较为均衡。受文、理分科高考制度影响，学生中理科学生与文科学生的比例约为2∶1。家庭背景方面，父母为教师、公务员等职业的同学，在比例上略占优势。

在书院学生管理老师与辅导员同学的帮助下，研究者使用最大差异化抽样方法，依据学生的家庭背景以及生源地进行抽样。后在与部分同学访谈后，根据同学提供的信息，又进行补充抽样，对样本结构进行调整。最终，研究者以10名同学为研究样本（见表6-3）。

表6-3　研究涉及的X书院学生基本信息

编号	性别	生源地	基本信息
1	男	东南沿海	班干部，成绩优秀，父母均为教师
2	女	北京	兴趣广泛，高中接受过通识教育
3	男	东南沿海	班干部，性格含蓄但想法鲜明

编号	性别	生源地	基本信息
4	女	东北	朝鲜族，高考为日语考生
5	男	中部	性格内向，想法摇摆
6	男	中部	性格较沉默，对班级同学有明显的崇拜情绪
7	男	西北	目标非常清晰，眼界开阔，有离开书院的想法
8	男	西南	自我认识清晰，学习能力强，很有自信
9	女	中部	沟通能力强，社工经验非常丰富，个人规划清晰
10	女	西北	曾为状元，但进入 X 书院后成绩并不理想

（二）学生对书院通识教育培养要求高挑战度的感知

对于抽取的样本学生，研究者采用了深度访谈的方法，搜集研究数据。访谈的核心问题是"X 书院课程与培养要求有什么特点"以及"学生对其学习收获感知"。研究者分别对每位样本学生进行 1 小时左右的访谈，对入学前的学习经历与家庭情况、在 X 书院的课程学习与其他培养环节参与度、在 X 书院学习以来的心理与情绪状态、对于通识课程学习和专业课程学习的规划进行提问与追问。之后，对 10 个样本的访谈数据进行开放、自由的比较与编码。经开放式编码后，研究者共得到 198 个概念编码，后进入第二层主轴性编码过程。

在这一阶段，研究者使用 UNESCO、OECD 等国际组织提出的核心素养框架的理论概念，对大部分开放性编码进行阐释与归纳；同时，亦保留了一些虽不符合常见"素养"概念，但被提及次数较多的 X 书院学生"特有概念"，比如"课程硬度"等。第二级编码过程共形成了 52 个主轴性编码（见表 6-4），体现了 X 书院新生在学习中体验到的通识学习要求与必要培养环节中的参考点，反映了该概念被提及的次数，覆盖率则反映了在访谈中提及这一概念学生的比例。

表 6-4　访谈内容编码

编号	主轴性编码	涉及文件	参考点	覆盖率
1	问题解决能力	5	9	50%
2	适应能力	6	28	60%

编号	主轴性编码	涉及文件	参考点	覆盖率
3	自我效能	10	28	100%
4	批判性思维	5	6	50%
5	通识能力与思维	9	46	90%
6	价值判断与选择能力	8	22	80%
7	创造性思维	1	1	10%
8	好奇心与兴趣	8	26	80%
9	开放性	9	17	90%
10	抗压能力	9	29	90%
11	情绪调节能力	3	11	30%
12	责任意识	4	5	40%
13	品质—毅力与勤奋	6	12	60%
14	自我规制	9	34	90%
15	成就动机	10	43	100%
16	人际交往能力	10	54	100%
17	团队合作能力	7	9	70%
18	阅读能力	8	15	80%
19	语言能力	8	16	80%
20	学习能力	8	27	80%
21	课程硬度	9	42	90%
22	写作能力	7	11	70%
23	身体素质	3	5	30%
24	艺术审美能力	6	8	60%
25	学术研究能力	3	3	30%
26	人文素养	7	18	70%
27	数理能力与思维	10	29	100%
28	沟通能力	8	18	80%
29	科学能力与思维	7	10	70%
30	社会科学素养	7	10	70%
31	X 能力	4	4	40%
32	信息素养	10	26	100%
33	跨学科能力与思维	6	7	60%

编号	主轴性编码	涉及文件	参考点	覆盖率
34	全面发展的人	4	6	40%
35	反功利性	6	8	60%
36	追求卓越	2	2	20%
37	使命感	1	1	10%
38	学习为先	8	13	80%
39	精英意识	4	17	40%
40	高中学习基础	10	70	100%
41	家庭背景	10	20	100%
42	通识与专业学习的矛盾	10	32	100%
43	安全感匮乏	4	5	40%
44	归属感	6	14	60%
45	师生关系	10	47	100%
46	优越感	6	13	60%
47	同辈竞争	9	27	90%
48	自我同一性	3	5	30%
49	生涯发展与规划	10	73	100%
50	自我认知	5	14	50%
51	学院与教师高期望	8	44	80%
52	缺少自由空间	10	36	100%

说明：X 指书院名称。

在 52 个主轴编码中，有 17 个概念在所有样本中的覆盖程度达到 90%以上，这 17 个编码与其代表的通识课程与培养环节所强调的要素，以及学生对 X 书院培养要求的感知，值得我们关注。

这 17 个编码可以按"认知能力""社会情感能力""通识学习环境""通识学习'入场券'"4 类进行归类（其中下划线标注的是所有样本学生均提到的要素）：

认知能力：数理能力与思维、课程硬度、信息素养、通识能力与思维。

社会情感能力：抗压能力、<u>人际交往能力</u>、自我规制、<u>自我效能</u>、<u>成就动机</u>、开放性、<u>生涯发展与规划</u>。

通识学习环境：<u>缺少自由空间</u>、同辈竞争、<u>通识与专业学习的矛盾</u>、<u>师生关系</u>。

通识学习"入场券"：<u>高中学习基础</u>、<u>家庭背景</u>。

因而，可以归纳出 X 书院课程与培养要求的特点是高挑战度，体现在：

一是通识教育理念偏向要素主义，设置高挑战度课程以不断提升学生的认知与学习能力。例如，数理能力、阅读能力、写作能力 3 项创新拔尖人才培养的基本能力在访谈中覆盖率均高于 80%。

二是想要适应并较好应对通识课程与培养环节能高挑战度，学生需要发展与塑造有益于自主成长与创新的个性特质和社会情感能力，例如自我效能高、成就动机强、生涯目标意识等。

三是 X 书院的学习环境存在着多重压力，包括课业负担挤压了学生的自由空间，内部推崇的要素主义通识理念与外部主流的专业教育理念矛盾，等等。因而，想要处理好学习压力和矛盾，学生需要在环境中自我探索出"平衡点"。

此外，研究发现 X 书院学生对课程与培养要求的感知如下。X 书院的学习感知和高中学习经历。根据学生访谈反馈，学生在表达自己对 X 书院学习环境的适应程度以及在描述对自己未来的成就期望时，表现出较大的差异：尽管书院将高考成绩作为书院人才选拔的"入场券"，但就学生反馈，高中学习基础（包括高中时的文理学业水平、学校文化、对于大学教育理念的了解、学生为大学学习的准备等）从家庭环境（包括家庭经济条件、地区和民族文化、父母养育模式等）先天获得的"文化资本"，都是让学生评估自己是否适合通识学习，以及对自己成为文理通识人才产生较高期待的"入场券"。关于这一点，需要开展更深入的教育社会学研究与探索。

（三）学生对书院高挑战度课程与培养要求的适应性分析

研究者对被访谈的 10 位学生在书院通识教育培养中的适应程度

（自评），以及对于自己生涯或专业选择目标明确的程度进行了分类，按图 6-1 所示坐标系呈现。

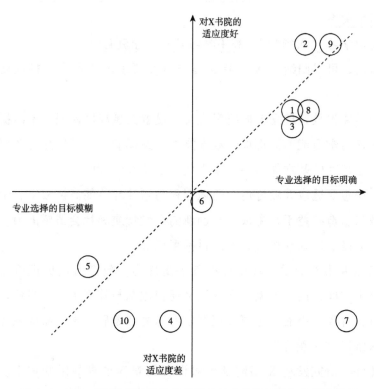

图 6-1　学生对于通识教育的适应程度与专业选择目标的明确程度

分散在第一象限的学生，他们恰好是自我效能感比较高的一批学生。1 号、8 号、3 号学生入学后学业成绩优秀，说明其学习能力非常适应 B 大学本科教育的要求。此外，2 号、9 号学生所在高中学校文化与通识教育理念相容，在提供高质量学业课程同时，为学生提供了许多自我探索的课内外资源，鼓励学生广泛地吸收知识、拓宽学术视野。这样的高中文化环境，为 2 号、9 号学生进入大学学习做好了充分的"文化准备"。可以认为，9 号学生可以成为代表书院通识学习最有优势的学生群体，他不仅为大学学习做好了学习上的准备，也通过高中文化浸润，做好了文化适应的准备。对于中国高中教育现实情况来说，比提升学生学习能力更难的，正是构建一个与大学尤其是高水平研究型大学有"文化接近性"的学习环境，为学生进入大学的学习与生活做好准备。

高中教育在"文化准备"上的乏力，是 6 号与 7 号同学落入第四象限的原因。6 号、7 号同学的学业成绩处于良好以上，说明他们的实际学习能力符合 B 大学本科教育的要求。7 号同学自我效能感虽高，但他与 X 书院的通识教育文化发生了严重的"冲突"，他完全不认可人文通识课程学习的价值，并且已经做好转系离开书院的准备。而 6 号同学虽然成绩不错，但是自我效能感不高，他认为自己"平时太偷懒了"，"不知道如何安排自由时间"，"不参加社工社团"。这反映出：X 书院致力于营造的通识环境以及拔尖创新本科人才的培养，需要学生在入学前已形成一定的社会情感能力和拥有一定的高中准备，这也正是应试教育所忽视的。

分布于第三象限的学生，也恰好是自我效能感较差的一批学生。他们看似获得了进入 X 书院场域的"入场券"，但事实上并没有达到"入场门槛"的学习能力要求。4 号、5 号和 10 号过往学习经验和文化氛围、适应大学新学习方式等方面差异较大。因此他们进入新的文化环境时，在心理上承受的落差感和挫败感尤其明显。4 号学生不仅英语基础薄弱，而且阅读古汉语文学原著较为吃力，同时还感到自己很孤单。10 号学生曾经是地区状元，在新场域的学习生活让她感到"处处不如人"甚至多次使用"Low（水平差）"一词来形容自己。对于这批学生来说，他们需要改善自己在通识学习中的被动状态，不仅需要在学习上付出倍于常人的努力，也需要学习环境中的朋辈、师长给予他们以情感支持与心理疏导。

书院不仅可以学习通识课程，在学生看来更是给予了自己探索生涯发展目标的机会。在图 6-1 中，位于第一象限的学生也积极主动地认为自己需要把握机会完成自己在社会环境中的同一性认知与构建。自我同一性（ego identity）是埃里克森提出的概念，是指青少年尝试把与自己有关的各方面，如需要情感、能力、目标、价值观等特质整合成统一的人格框架，形成一个比较稳定的人格。个体在内在的一致性和持续性与他人对自己的一致性和持续性的看法相匹配的过程中会产生自信，这将在理想、职业、人生观思考和选择中得到体现。自我同一性的混乱与达成，正是在 18 岁前后的青春期关键时期发生。我们可以换一种方式理解图 6-1，进入 X 书院时拥有较多（由先天家庭与后天高中校园传递的）文化资本的学生，实际上自我同一性达成状态也较为理想。他们对于自我和社会的认知较为明确，同时体现为目标意识、成就动机、生涯管理能力很强——这也是通识学习对于学生成长的必然要求之一。

四　面对"大—中衔接教育"的新话题

在对 B 大学文理通识的拔尖创新人才培养学院——X 书院的研究中，研究者发现的较为突出的问题是：在通识教育学习环境中，本科教育与高中教育的"脱节"现象更为明显，并且极大影响着学生对于学习与未来发展的自我效能。高中教育与本科教育的衔接环节无法打通，导致了许多大学新生在学习初始，便面临学习能力不足与文化环境不适的双重问题。如何从高中入手，让学生满足进入通识教育环境学习的"资格"，这不仅是大学通识教育的问题，更是影响本科教育整体质量的问题。

同时，X 书院的人才培养也存在课业压力较大、学生自主发展空间不足的问题。对于设计通识教育课程与培养环节的院系来说，最关键的不是"培养方案框架是否反映某种理念""课程内容是否符合通识教育传统"这些细节问题，而是在整体上通过"通识地教学"（teach liberally）来帮助学生"通识地学习"（learn liberally），让学生掌握一种通识的思维并对自己的未来学业和志业进行思考。在把握思维训练的基础上，实现学生通识学习与专业研究的平衡，尊重学生自由探索的权利，为未来的拔尖创新型人才提供自由生长的空间。

由此可见，对于中国本科教育中拔尖创新人才培养的实践而言，为学生营造自由发展空间与自由探索环境，正是结合博雅教育精华与本土教育需求而应做出的持续性探索。

第七章
展望未来：建设新时期高水平本科
教育的框架性建议

高等教育是体现国家发展水平和发展潜力的最重要事业之一。在我国处于新时期的背景下，提升高等教育质量，尽可能多地培养优秀人才以及能成为开展高水平研究的科学家，已经成为我国高等教育的重要历史使命。本科教育是提高高等教育质量的最重要的抓手和载体。面对本科教育在内涵式发展、质量改进、转型改革的重要时期中凸显出来的各种矛盾与问题，进一步加快建设高水平本科教育，推动形成高水平的人才培养体系，意义重大。① 本书一方面从研究国内外部分一流高校本科教育的培养方案出发，把握全球大学本科教育的改革趋势，另一方面从挖掘我国丰富的本科教育历史和经验入手，提炼我国本科教育的实践经验，希望为新时期建设高水平本科教育提供意见建议和参考依据。根据本书前文内容，以及借鉴美国等国家对本科教育提出的一些原则和建议，现对我国本科教育在拔尖创新人才培养方面提出如下建议。

一 重视本科教育多样化"通专融合"模式的探索

通识教育在当今本科教育中扮演着越来越重要的角色。如何开设通

---

① 《关于加快建设高水平本科教育全面提高人才培养能力的意见》，2021 年 5 月 15 日，http://www.moe.gov.cn/srcsite/A08/s7056/201810/t20181017_351887.html。

识课程拓展学生知识面，如何做好通识教育与专业教育的融合，是我国大学通识教育本土化探索中的难点，是提高我国本科教育质量的基本立足点，也是培养拔尖创新人培养的突破口。参照世界一流大学的培养方案，我国本科教育中的通识教育可以在以下两方面做出改进。一是进一步构造通专深度融合的课程体系。在通识课程和专业课程的设置上，同时兼顾知识的结构、深度和广度，在保障专业教育的同时，也要保证通识课程和自由选修课程的时间，以激发学习兴趣和培养研究志趣；二是整合运用高校及社会各方资源为通识能力培养服务。目前通识教育的普及性不足，应营造宽松的氛围，让通识的气息充满校园，在人才培养理念和方案中应充分体现"通识"的目标，普及教师和学生理解和重视通识教育的意识。

我国高等学校的本科教育高度重视各类课程的设计，呈现设置分类与结构清晰的特点。结合对我国一些本科教育探索计划的成效分析，我国本科教育在以下方面可以做出改进，这些建议同样适用于落实通识教育理念的课程改革中。一是及时更新课程理念，提高课程设置的综合性、系统性，强化和全面培养学生的综合专业及应用能力；二是增加课程的结构化、逻辑性，区分基础课、前沿课，难度循序渐进；三是丰富前沿知识和挑战性课程，为创新创造能力培养打下基础；四是破除课程体系的僵化守旧性，增进学科交叉，将通识课程渗透在专业教育中；五是营造多元化、包容的课程设计，通过讲座等非正式课程学习，提高学生的自主兴趣。

二 贯通"中—大—研"三段教育之间的衔接

由于国家创新体系建设的需要，基础学科以及研究生教育普遍受到研究型大学的重视。在这个过程中，本科教育不免产生了边缘化的倾向。然而，无论是对个人成长还是国家发展来说，本科教育都是根本和基础。从个人接受教育的历程来看，本科教育是影响个体发展、价值观塑造的重要阶段；从整个教育系统来看，本科教育是连接高中教育和研究生教育的中枢。

人的教育是一个环环相扣、循环渐进的过程，教育问题的改善，绝不应是针对某个教育阶段、某个特殊问题"头痛医头"式的孤立改变。保证大学人才培养质量不能仅靠大学，还必须与高中教育形成联动。对于大学来说，在平均4年的本科年限中既要补足学生在高中阶段所欠缺的能力，又要培养其未来能够适应社会竞争的高阶能力，是几乎不能完成的任务。因而，高水平本科教育应向高中、研究生教育两端延伸，要加强消除与高中的"段差"，同时也要加大建设一流研究生教育，以及加强本硕博贯通教育。大学应在教育阶段衔接的过程中，发挥更为自主的作用。在本科教育阶段可适当缩减总学分，严格核定课程学分，精炼必修课，增加选修课数量、种类，提升选修课质量，切实实行更灵活的学籍管理制度，以保障学生有足够的放飞思想、自由探索的时间、空间，促进学生个性化发展。

大学一年级的体验在衔接家庭和学校、高中与大学之间有着至关重要的作用，大一是青年人在学术和社会生活方面发生转变的重要时期，从高中毕业的大一新生会进入一个对自己的学习需要承担更多个人责任的环境中。因此大一的课程与教育活动需要能够给予学生开阔视野、激发好奇心的体验，能够将学生引入主动学习和挑战的状态上，而不只是重复学习过的主题。《重塑本科教育：美国研究型大学的蓝图》对本科教育提出10条建议，其中有2条都是关于大一新生体验的：创设以问题探究为基础的第一年学习，围绕新生特点构建大一年。其中所包括的具体建议也都对丰富我国本科教育一年级新生体验有借鉴作用，例如采用小型研讨会、入学前补学、合作项目学习、跨学科体验等方式，激发和打开知识视野，探索高中期间没有学习的领域，鼓励学生在进入专业之前或早期尽可能地自由探索和学习。

三 支持教师在本科教育教学上的投入

师资队伍建设在高水平本科教育建设中具有关键作用，因而在制度设计和保障方面，要特别重视教师队伍的成长和发展，为教师发展提供充足的资源条件。总的来说，高校要重视教师的在职培训和教学团队建设，提升教师在教育教学、设计开发、创新等方面的能力，增强敬业精神和职业道德。

一是在高校专职教师队伍建设上，要在以下若干关键点上继续努力。《教育部关于加快建设高水平本科教育全面提高人才培养能力的意见》提出要全面提高教师教书育人能力，对加强师德师风建设、提升教学能力、充分发挥教材育人功能、改革评价体系四个方面做出了具体要求，并指出要全面开展教师教学能力提升培训，完善教授给本科生上课制度，广泛开展教育教学研究，要防止教师选拔和考核中的"四唯"倾向，建立以专业能力和教书育人水平为基础的考核评价制度。

二是建设高水平本科教育依赖于大学教师创新的教学和评估策略。高水平本科教育的理念和目标，对教师的教育教学能力提出了更高要求。《塑造未来——第二卷：科学、数学、工程和技术本科教育的视角》对 STEM 教师的教学和评估策略提出了建议，这些建议也适用于广泛学科领域教师在新时期提升教学能力，包括以目标为导向教学，构建具有强实践性的实验活动，促进学生自主学习，开展小组讨论和项目，提供写作和交流科学的机会，设计跨学科教学活动，评估学生分析科学问题、提出合理假设以及评估证据的能力。要注意的是，科学理解不可能通过对错、多项选择或其他类似测试得到充分衡量，因此还必须运用论文、项目、口头陈述等其他评估形式。此外，借助现代信息技术与教育教学深度融合也是为教师赋能的迫切需要。这些看来琐细的方面正是新时期教师队伍质量内涵发展的核心，否则难以跟上国家发展对本科人才培养的需求。

三是创造条件促进教师之间的跨学科合作。随着研究的跨学科性的加强，以及大学外职业环境中问题的复杂性不断增加，对本科跨学科内容的需求越来越迫切。然而，当前开展本科教育跨学科教育教学活动受到了多方面阻碍，例如部门组织形式和考核制度限制了对跨学科教学感兴趣的年轻教师参与到跨学科课程与研究中，课程内容和教学过于狭隘地侧重于个别主题或特定学科。因此，为了支持教师更好地开展本科教育活动，高校需要因地制宜地在开设跨学科课程、跨学科合作教学等方面提供制度和资源支持。

四　促进评价结果对学生成长与发展的反馈

无论是本科人才培养的选拔和评价，还是实现高中、本科与研究生教育的衔接贯通，都与构建和完善科学综合的人才评价体系密切相关。为了更科学合理地选拔学生、阶段性地考核学生、综合地评价学生，需要从学校甚至是国家层面建立学生学习和发展的数据收集和跟踪评价系统。评价系统的建立有赖于制定科学的人才选拔和评价标准。如果对学生毕业后发展信息的追踪仅限于毕业时，缺少毕业 5 年、10 年之后及更长时间的发展调查，就会限制从学生长期发展的角度对我国本科教育效果进行分析。因此，本书给出如下三个建议。

一是对学生在校期间的学习情况和毕业后的发展情况进行记录和追踪调查。不仅需要了解学生的毕业去向，还需对学生日后的学术发展与职业成长进行分析，研究拔尖创新人才的成长与发展机制，从而更好地为我国本科教育建设与发展提供参考依据。二是对本科教育质量成效的"基本要素"进行评价和反馈。学生在很多专业方向收获的知识和能力也许难以统一测量，但是学生获得的"基本"能力是可以测量和评价的，如学生发展的批判性思维、问题分析能力、数理推理能力等。通过对这些能力进行测量和评估，能够掌握学生在多大程度上理解了课程内容和掌握了多少基本技能。三是优质的本科教学的特点之一是及时给予学生反馈意见。这也是本科教育取得显著和持久进步的关键所在。成功的评估应该包括一个反馈回路。教师经常向学生反馈，能够促进师生互动以不断了解和确定学生的能力和背景，这也是师生共同确定学生在多大程度上学习了课程内容，以及教师在此基础上提出多样化教学策略的有效途径。

五　促进以学生为中心的本科教育改革

《关于加快建设高水平本科教育全面提高人才培养能力的意见》提出要全面落实学生中心、产出导向、持续改进的先进理念。该《意见》围绕学生提出一系列改革建议，包括激励学生刻苦学习，引导学生爱国、励志、求真、力行，引导学生多读书、深思考、善提问、勤实践，改进实习运行机制，强化科研育人功能，推动高校及时把最新科研成果转化为教学内容，激发学生专业学习兴趣，支持高校进一步完善学分制，扩大学生学习自主权、选择权，开展双学士学位人才培养项目试点等，希望通过实施这一系列措施切实把走近学生、关爱学生、帮助学生落到实处。

要使本科教育变得有趣和有吸引力，需要以学生为中心，而不是以教师为中心，需要向以学生为中心的学习环境转变。在这种环境中，不同于目前大范围存在、以教师为中心的学习环境，教师是向导。亚瑟·奇克林（Authur Chickering）和译拉达·加姆森（Zelada Gamson）在1987年的《本科教育良好实践七原则》中提出了一套改进教学的指导方针，为我们在本科教育教学实践中真正落实"以学生为中心"的理念提供具体参考，具体包括：鼓励学生和教师之间的联系、发展学生之间的互惠与合作、鼓励主动积极学习、强调提供及时反馈、强调有效利用时间、传达对学生的高期望、尊重多元人才和学习方法。

创建以学生为中心的学习环境，本书给出的核心建议是确保给予学生自由探索的时间和空间。基于对国外顶尖大学工科专业培养方案分析，以及对我国"拔尖计划1.0"人才培养效果分析发现：顶尖大学的本科教育，在给学生"加深""加重""加多"课程学习任务的同时，更重视给学生的自主探索"留白"。以国内某大学"拔尖计划"为例，其在培养方案中设定自主发展学分，鼓励学生根据自己的兴趣自主探索。在对比了试点班和非试点班的自主学习情况后发现：试点班学生比非试点班学生的自主发展空间明显要高；试点班学生在课程要求以外的研究性学习投入上远多于非试点班学生。因此，要特别重视在本科教育阶段给拔尖学生"松绑"，给予充分的自主空间。对最优秀的学生更应因材施教，更需要"留白"，这样才有可能让他们根据自己的志趣来发展。

六 切实坚持以党的教育方针引领本科拔尖人才培养

进入 21 世纪，教育优先发展已经成为很多国家的共识，世界高等教育进入大发展、大变革时期。我国已经从高等教育大众化发展阶段，进入了高等教育普及化新征程。在这一时期，建立强大的本科教育，培养能够担当国家重任的本科生，是我国高质量发展的重要基础。新时期，我国在数理基础学科和工科领域本科教育做出的各种尝试（例如"拔尖计划 1.0""卓越计划 1.0""新工科建设"等）的重要贡献之一，是对符合新时期中国国情的拔尖创新育人机制做出了重要探索。

教育是国之大计，党之大计。习近平总书记提出："要从党和国家事业发展全局的高度，坚守为党育人、为国育才，把立德树人融入思想道德教育、文化知识教育、社会实践教育各环节。"新时期，要认真学习领会习近平总书记关于教育的重要论述和全国教育大会精神，学习领会"新时代高教 40 条"。围绕"培养人"这一教育根本问题，把握本科教育居于人才培养的核心地位、教育教学的重要地位。构建德智体美劳全面培养的教育体系，形成更高水平的人才培养体系，要围绕立德树人这个目标来设计学科体系、教学体系、教材体系、管理体系等，并将思想政治工作体系贯通其中。牢牢抓住"教"这个核心，引导教师潜心教书育人。引导广大教师以德立身、以德立学、以德施教、以德育德。提高教师掌握教育规律的能力，鼓励教师努力掌握运用各自专业领域的教育教学规律，把握学生成长成才规律。紧紧抓好"学"这个根本，教育学生刻苦读书学习。狠抓学生刻苦学习，解决好能力培养的问题，提升学生综合素质。狠抓学习资源建设，提高课程教学质量。

政策制定的重点要从以资源投入向更关注人转换。政策制度要引导优化资源配置方式，将教育投入的重点从更关注"物"转向更关注

"人"，用最宝贵的教育资源，支持教师发展和学生发展。要特别关注多元化人才培养标准在学校的落实情况，通过建立起内外互动的质量保障体系，将培养条件转换为培养能力，将培养标准转化为培养质量。政策制定与实施要坚持不同类型院校和人才皆可实现卓越的理念。建设高等教育强国，不是个别院校办学水平的提升，而是整个高等教育体系能力的提升。政策制定要加强宏观分类指导。要处理好支优与扶弱的关系，更加重视对办学条件薄弱、有一定发展潜力、对区域和多个支柱行业发展人才供给有重要支撑作用的行业院校和地方院校加大支持力度，通过有效的支持性政策，引导资源合理投入，提高资源使用效益。要强化政策引导，继续鼓励先行先试。扩大高校的办学自主权，充分发挥行业学会、教学指导委员会的作用，支持高校在课程体系建设、教学方法改革、人才培养模式创新方面的自主探索。鼓励高校自主探索和创新人才培养模式，面向产业和区域发展需求，完善教育资源布局，加快人才培养结构调整，创新教育模式和组织形态，促进教育和产业联动发展，使教育链、人才链与产业链、创新链有机衔接。

在新的历史时期，我国本科教育面临诸多挑战。我国高等教育人才培养的研究和实践都已经取得了若干有影响力的成果，但是培养拔尖创新人才还有很长的路要走。本科教育是教育系统的中枢，是贯通基础教育和研究生教育的枢纽，是个体成长发展中的原点，是培养拔尖创新人才的关键时期。当前，本科教育改革与发展中出现的基本问题亟待深入研究，横向的、纵向的、跨学科的综合性研究还比较匮乏。积极开展高水平本科教育建设、拔尖创新人才培养模式、通识教育、大—中教育衔接等方面研究，融入宏观、中观和微观研究视角，能帮助破解高水平本科教育建设中遇到的关键问题和难题，也能使探究拔尖创新人才培养更有立足点、更立体和更深化，从而真正促进和实现拔尖创新人才培养的"顶天"和"立地"。

参考文献

别敦荣、李晓婷：《麻省理工学院的发展历程、教育理念及其启示》，《高等理科教育》2011 年第 2 期。

别敦荣：《一流本科教育的特征与实践走势》，《山东高等教育》2017 年第 1 期。

常甜、马早明：《美国大学通识教育课程实践模式及哲学基础探析》，《清华大学教育研究》2014 年第 6 期。

崔金贵：《大学的卓越灵魂：通识教育、教学改革与管理——哈佛大学哈佛学院前院长哈瑞·刘易斯教授访谈录》，《高校教育管理》2014 年第 4 期。

丁延庆、叶晓阳：《扩张的中国高等教育：教育质量与社会分层》，《社会》2015 年第 3 期。

董泽芳：《高等教育公平效率兼顾论》，《大学教育科学》2014 年第 1 期。

董泽华：《试论我国中小学实施 STEM 课程的困境与对策》，《全球教育展望》2016 年第 12 期。

杜玉波：《关于创新人才培养的几个问题》，《中国大学教学》2012 年第 9 期。

杜玉波：《探索拔尖创新人才培养新机制》，《中国高等教育》2014 年第 2 期。

段伟文：《大力弘扬科学家精神 实现科技自立自强》，《人民日报》2020 年 10 月 13 日。

樊成：《本科教育研究嬗变：热点之析与方向之思——基于 CNKI 1998—2020 年间核心期刊论文的文献计量分析》，《教育与教学研究》2021 年第 8 期。

范惠明、周玲：《工程科技人才通识能力的要素识别与培养——基于产业界的实证研究》，《高等工程教育研究》2019 年第 4 期。

冯惠敏、李姗霖、黄明东：《自然科学领域通识教育课程特点及其设计理念》，《高等工程教育研究》2016 年第 5 期。

高耀：《秉持"高原上建高峰"培养拔尖人才》，《中国教育报》2020 年 9 月 23 日。

顾秉林：《在实践中探索清华新百年人才培养的使命与战略》，《清华大学教育研究》2010 年第 5 期。

顾建民、王沛民：《美国工程教育改革新动向》，《比较教育研究》1996 年第 6 期。

顾佩华：《新工科与新范式：概念、框架和实施路径》2017 年第 6 期。

郭丛斌、闵维方：《家庭经济和文化资本对子女教育机会获得的影响》，《高等教育研究》2006 年第 1 期。

郭元婕：《科学教育质量观的时代内涵》，《光明日报》2018 年 7 月 10 日（第 13 版）。

〔美〕哈瑞·刘易斯：《失去灵魂的卓越：哈佛是如何忘记教育宗旨的》，侯定凯译，华东师范大学出版社，2007。

贺国庆：《国外研究型大学本科教育的百年变迁与省思》，《教育研究》2016 年第 9 期。

黄福涛：《什么是世界一流大学的本科教育》，《高等教育研究》2017 年第 8 期。

黄维：《本科立人 本科立校——构建"中国特色 世界一流"本科教育体系初探》，《中国高教研究》2016 年第 8 期。

黄永林：《1993-2018 年普通高校教育经费投入的深度分析》，《教育财会研究》2020年第6期。

雷家彬：《中国高等学校分类方法的反思与建构》，华中科技大学博士学位论文，2011。

李春玲：《"80后"的教育经历与机会不平等——兼评〈无声的革命〉》，《中国社会科学》2014年第4期。

李曼丽：《哈佛大学新制通识教育方案及其实施效果辨惑》，《北京大学教育评论》2018年第2期。

李曼丽：《美国大学通识教育实践研究》，《高等工程教育研究》2000年第1期。

李曼丽、苏芃、吴凡、张晓蕾：《"基础学科拔尖学生培养计划"的培养与成效研究》，《清华大学教育研究》2019年第1期。

李曼丽：《中国大学通识教育理念及制度的构建反思：1995~2005》，《北京大学教育评论》2006年第3期。

李越、李曼丽、乔伟峰等：《政策与资源：面向工业化的高等教育协同创新——"卓越工程师教育培养计划"实施五年回顾之二》，《清华大学教育研究》2016年第6期。

李忠路：《家庭背景，学业表现与研究生教育机会获得》，《社会》2016年第3期。

林琳：《新时代大学通识教育的新使命》，《中国高等教育》2018年第2期。

刘保存：《美国研究型大学本科生科研的基本类型与模式》，《教育发展研究》2004年第11期。

刘凡丰：《美国研究型大学本科教育改革透视》，《高等教育研究》2003年第1期。

刘吉臻、翟亚军、荀振芳：《新工科和新工科建设的内涵解析——兼论行业特色型大学的新工科建设》，《高等工程教育研究》2019年第3期。

刘精明：《高等教育扩展与入学机会差异：1978~2003》，《社会》

2006 年第 3 期。

刘学东：《新思维，新课程——斯坦福大学通识教育改革》，《清华大学教育研究》2014 年第 5 期。

陆一、徐渊：《制名以指实："通识教育"概念的本语境辨析》，《清华大学教育研究》2016 年第 3 期。

罗昱：《哈佛大学通识教育的理念创新与改革——哈佛大学通识教育工作组报告》，《北京航空航天大学学报》（社会科学版）2015 年第 5 期。

孟卫青、黄崴：《我国大学实施通识教育的制度困境与出路》，《清华大学教育研究》2013 年第 4 期。

孙华：《通识教育的欧洲模式》，《江苏高教》2015 年第 2 期。

孙棋：《"清华学堂"拔尖人才培养的经验与启示》，《中国科学报》2019 年 11 月 13 日（第 4 版）。

王洪才：《关于高等教育现代化指标的探索》，《天津市教科院学报》2003 年第 6 期。

王世岳、张红霞：《作为符号的通识教育：以德国大学为例》，《比较教育研究》2018 年第 3 期。

王孙禹、谢喆平、张羽等：《人才与竞争：我国未来工程师培养的战略制定——"卓越工程师教育培养计划"实施五年回顾之一》，《清华大学教育研究》2016 年第 5 期。

王战军、乔刚：《以新发展理念引领高等教育质量监测数据平台建设》，《中国高教研究》2016 年第 7 期。

邬大光：《探索高等教育普及化的"大国道路"》，《中国高教研究》2021 年第 2 期。

吴爱华、侯永峰、杨秋波、郝杰：《加快发展和建设新工科，主动适应和引领新经济》，《高等工程教育研究》2017 年第 1 期。

吴守蓉、郭晓凤、白石则彦：《日本东京大学通识教育路径探究——基于 PDCA 分析》，《中国高教研究》2016 年第 10 期。

吴岩：《一流本科一流专业一流人才》，《中国大学教学》2017 年第 11 期。

谢维和：《高教改革也应"往下看"》，《中国教育报》2013 年 4 月 8 日。

熊庆年、陆一：《一流大学要有一流本科教育》，《中国教育报》2017 年 6 月 28 日。

徐晓飞、沈毅、钟诗胜：《我国高校新工科建设与教育模式创新实践的探索与思考》，《计算机教育》2021 年第 2 期。

杨九诠：《"公平而有质量的教育"的双重结构及政策主心转移》，《教育研究》2018 年第 11 期。

易红郡：《英国大学通识教育的理念及路径》，《华东师范大学学报》（教育科学版）2012 年第 4 期。

游小珺、赵光龙、杜德斌、范斐：《中国高等教育经费投入空间格局及形成机理研究》，《地理科学》2016 年第 2 期。

余凯：《通识教育与麻省理工学院的发展：一个简史》，《中国大学教学》2002 年第 4 期。

岳昌君：《1998-2011 年间高校生均经费的地区差异分析》，《中国高教研究》2013 年第 7 期。

张继平、董泽芳：《高质量高等教育公平：理念诠释、现状分析与政策进路》，《大学教育科学》2017 年第 1 期。

张亮：《我国通识教育改革的成就、困境与出路》，《清华大学教育研究》2014 年第 6 期。

张应强、周钦：《"双一流"建设背景下的高校分类分层建设和特色发展》，《大学教育科学》2020 年第 1 期。

郑泉水、白峰杉、苏芃等：《清华大学钱学森力学班本科荣誉学位项目的探索》，《中国大学教学》2016 年第 8 期。

钟登华：《新工科建设的内涵与行动》，《高等工程教育研究》2017 年第 3 期。

朱斌:《文化再生产还是文化流动?——中国大学生的教育成就获得不平等研究》,《社会学研究》2018 年第 1 期。

朱高峰:《工程教育中的几个理念问题》,《高等工程教育研究》2011 年第 1 期。

朱镜人:《现代大学通识教育的特征和发展趋势》,《高等教育研究》2018 年第 7 期。

Boyer Commission on Educating Undergraduates in the Research University. Reinventing Undergraduate Education: A Blueprint for America's Research Universities. Stony Brook, NY. 1998.

Chickering, A, W., Gamson, Z, F. (1987). Seven Principles for Good Practice in Undergraduate Education. *AAHE Bulletin*, 3: 3-7.

Committee on a Conceptual Framework for New K-12 Science Education Standards, Board on Science Education, Division of Behavioral and Social Sciences and Education, National Research Council of the National Academies. (2012). A framework for K-12 Science Education: Practices, Crosscutting Concepts, and Core ideas. 2020-11-30. Retrieved from: https://searchworks. stanford. edu/view/13013210.

Department for Business, Innovation and Skills. (2003). The future of Higher Education. 2020-11-30. Retrieved from: http://www. education-england. org. uk/documents/pdfs/2003-white-paper-higher-ed. pdf.

Department for Business, Innovation and Skills. (2011). Retrieved from: https://assets. publishing. service. gov. uk/government/uploads/system/uploads/attachment_data/file/32110/11-1007-supporting-analysis-for-higher-education-white-paper. pdf.

Department for Business, Innovation and Skills. (2016). Success as A Knowledge Economy: Teaching Excellence, Social Mobility and Student Choice. 2020-11-30. Retrieved from: https://assets. publishing. service. gov. uk/government/uploads/system/uploads/attachment_data/file/523396/

bis-16-265-success-as-a-knowledge-economy. pdf.

Force, M. T. (2014). Institute-wide Task Force on the Future of MIT Education: Final Report. 2020-11-30. Retrieved from: http://web. mit. edu /future-report /TaskForceFinal_July28. pdf.

National Academy of Engineering; National Research Council; Committee on Integrated STEM Education. (2014). STEM Integration in K-12 Education: Status, Prospects, and an Agenda for Research. 2020-11-30. Retrieved from: https://www. nap. edu/catalog/18612/stem-integration-in-k-12-education-status-prospects-and-an.

National Academy of Sciences, National Academy of Engineering, and Institute of Medicine of the National Academies. (2007). Rising Above the Gathering Storm: Energizing and Employing America for A Brighter Economic Future. 2020 - 11 - 30. Retrieved from: https://www. nsf. gov/ attachments/105652/public/NAS-Gathering-Storm-11463. pdf.

National Board of Employment, Education and Training. (1994). Developing Lifelong Learners through Undergraduate Education. 2020-11-30. Retrieved from: https://vital. voced. edu. au/vital/access/services/Download/ngv: 22704/SOURCE2? view = trueducation.

National Research Council, Division of Behavioral and Social Sciences and Education, Board on Science Education; Board on Testing and Assessment, Committee on Highly Successful Schools or Programs for K - 12 STEM Education. (2011). Successful K - 12 STEM Education: Identifying Effective Approaches in Science, Technology, Engineering, and Mathematics. 2020-11 - 30. Retrieved from: https://www. nap. edu/catalog/13158/successful-k-12-stem-education-identifying-effective-approaches-in-science.

National Science Board. (2007). National Action Plan for Addressing the Critical Needs of the U. S. Science, Technology, Engineering, and Mathematics Education System. 2020-11-30. Retrieved from: https://www.

nsf. gov/nsb/documents/2007/stem_action. pdf.

National Science Foundation. （1996）. Shaping the Future: New Expectations for Undergraduate Education in Science, Mathematics, Engineering, and Technology. 2020 - 11 - 30. Retrieved from: https://files. eric. ed. gov/fulltext/ED*404158*. pdf.

National Science Foundation. （1998）. Shaping the Future. Volume II: Perspectives on Undergraduate Education in Science, Mathematics, Engineering, and Technology. 2020 - 11 - 30. Retrieved from: https://www. nsf. gov/pubs/1998/nsf98128/nsf98128. pdf.

President's Council of Advisors on Science and Technology （PCAST）. （2010）. Prepare And Inspire: K - 12 Education in Science, Technology, Engineering, And Math （STEM） For America's Future. 2020 - 11 - 30. Retrieved from: https://obamawhitehouse. archives. gov/sites/default/files/microsites/ostp/pcast-stem-ed-final. pdf.

Task Force. （2012）. The Study of Undergraduate Education at Stanford University. 2020 - 11 - 30. Retrieved from: http://www. stanford. edu/dept/undergrad/sues/report. html.

The Boyer Commission on Educating Undergraduates in the Research University. （2001）. Reinventing Undergraduate Education: Three Years After the Boyer Report. 2020 - 11 - 30. Retrieved from: https://ir. stonybrook. edu/xmlui/bitstream/handle/11401/57973/Reinventing%20Undergraduate%20Education%20%28Boyer%20Report%20II%29. pdf.

Willcox, K. E., Sarma, S., & Lippel, P. H. （2016）. Online Education: A Catalyst For Higher Education Reforms. 2020 - 11 - 30. Retrieved from: https://oepi. mit. edu/files/2016/09/MIT-Online-Education-Policy-Initiative-April-2016. pdf.

附　录

附录1　斯坦福大学机械工程专业本科培养方案

Mechanical Engineering Program

2021-22 Mechanical Engineering UG Program

Mechanical engineers create products, machines, and technological systems for the benefit of society. Building on a foundation of physical science, mathematics, and an understanding of societal needs and responsibilities, they develop solutions across a wide range of fields from energy to medical devices, manufacturing to transportation, consumer products to environmental compatibility.

The undergraduate program in Mechanical Engineering at Stanford exposes each student to theoretical and practical experiences that form a foundation from which to develop solutions, and provides an environment that allows for the accumulation of knowledge and self discovery so as to extend the domain within which solutions can be formulated. Graduates of the program have many professional options and opportunities, from entry-level work as mechanical engineers to graduate studies in either an engineering discipline or other fields where a broad engineering background is useful. Regardless of the ultimate career choice, graduates leave the program with a solid grounding in the principals and practice of mechanical engineering, equipped to embark upon a lifetime of learning, while employing new concepts, technologies and methodologies.

Objectives and Outcomes for Mechanical Engineering

These outcomes are operationalized through learning objectives, which students are expected to demonstrate:

1. Graduates of the program will have the scientific and technical background for successful careers in diverse organizations.

2. Graduates of the program will be leaders, and effective communicators, both in the profession and in the community.

3. Graduates of the program will be motivated and equipped to successfully pursue postgraduate study whether in engineering, or in other fields.

4. Graduates of the program will have a professional and ethical approach to their careers with a strong awareness of the social contexts in which they work.

Learning Outcomes (Undergraduate)

The department expects undergraduate majors in the program to be able to demonstrate the following learning outcomes:

1. An ability to identify, formulate, and solve complex engineering problems by applying principles of engineering, science, and mathematics.

2. An ability to apply engineering design to produce solutions that meet specified needs with consideration of public health, safety, and welfare, as well as global, cultural, social, environmental, and economic factors.

3. An ability to communicate effectively with a range of audiences.

4. An ability to recognize ethical and professional responsibilities in engineering situations and make informed judgments, which must consider the impact of engineering solutions in global, economic, environmental, and societal contexts.

5. An ability to function effectively on a team whose members together provide leadership, create a collaborative and inclusive environment, establish

goals, plan tasks, and meet objectives.

6. An ability to develop and conduct appropriate experimentation, analyze and interpret data, and use engineering judgment to draw conclusions.

7. An ability to acquire and apply new knowledge as needed, using appropriate learning strategies.

General Education Requirements

In order to graduate, undergraduates must complete the following General Education Requirements:

- Thinking Matters Requirement
- Ways of Thinking/Ways of Doing (Ways) Requirement
- Writing and Rhetoric Requirement
    - Program in Writing and Rhetoric (2 courses required, PWR 1 and PWR 2)
    - Writing in the Major
- Language Requirement

Purpose

The General Education Requirements are an integral part of undergraduate education at Stanford. Their purpose is to introduce students to the intellectual life of the University, to foreground important questions, and to illustrate how they may be approached from multiple perspectives. They are intended to develop a broad set of essential intellectual and social competencies of enduring value no matter what field a student eventually pursues. Students have flexibility to select topics that appeal to them while building critical skills, exploring interests, forming relationships with faculty and peers, and forging connections between educational experiences in many spheres. Together with the major, the requirements serve as the nucleus around which students build their four years at Stanford.

General Education Requirement courses must be taken for a letter grade and a minimum of 3 units of credit, with the exception of courses taken to fulfill the Language Requirement, which may be taken for credit/no credit. Additionally, a course taken to satisfy the Creative Expression Way (Way-CE) may be taken for a minimum of 2 units and must be taken for a letter grade (unless a letter grade is not offered, and the course is only offered for a Satisfactory/No Credit grade).

Thinking Matters

Students are required to take one Thinking Matters (THINK) course during their freshman year. Most students take one stand-alone course selected from approximately eight courses offered each quarter.

- THINK courses

Alternatively, students may take one of two residence-based, year-long programs:

- Immersion in the Arts: Living in Culture (ITALIC)
- Structured Liberal Education (SLE)

    Each of these also satisfies at least part of the Writing and Rhetoric Requirement as well as several Ways requirements.

Another option, in Autumn Quarter only, allows students to enroll in Education as Self-Fashioning (ESF) that satisfies the Thinking Matters requirement as well as PWR1.

Ways of Thinking/Ways of Doing (Ways)

Students must fulfill the Ways General Education Requirement which is a skills capacity-based approach to fostering breadth rather than a traditional discipline-based approach.

These courses provide students with educational breadth by giving instruction in essential skills and capacities in the areas of:

- Way-A-II: Aesthetic and Interpretive Inquiry (2 courses)
- Way-AQR: Applied Quantitative Reasoning

- Way-CE: Creative Expression (2 units)
- Way-ED: Engaging Diversity
- Way-ER: Ethical Reasoning
- Way-FR: Formal Reasoning
- Way-SI: Social Inquiry (2 courses)
- Way-SMA: Scientific Method and Analysis (2 courses)

Students are required to take eleven certified Ways courses, with two courses in Way-AII, Way-SI, and Way-SMA, and one course in each of the remaining five Ways. Transfer students fulfill the Ways requirement as outlined in the "Transfer Credit for Ways" section below.

Although courses may be certified to fulfill two Ways, a student may only count a course toward one Way in a program of study. Thinking Matters courses typically fulfill a Way. Courses may also count for both major and Ways requirements.

Courses taken prior to matriculation, independent study courses, graduate courses, and online transfer courses are not eligible for Ways credit. Courses must be a minimum of 3 units and taken for a letter grade except Way-CE which may be taken for fewer units.

Transfer Credit for Ways

Incoming transfer students who matriculate with the following number of transfer units must complete the defined number of Stanford Ways courses as part of their undergraduate education.

WAYs/GERs	
Number of Transfer Units	Ways Course Requirement
90	5 courses certified in 5 different Ways
75–89	6 courses certified in 6 different Ways
60–74	7 courses certified in 7 different Ways
45–59	8 courses certified in 8 different Ways
44 or fewer	10 courses certified in 8 different Ways

- Excludes Advanced Placement (AP) or other external test units, independent study, online courses, or additional transfer courses from other institutions.

- A minimum of 2 units is required to complete the Creative Expression (CE) Ways requirement. This may be fulfilled by taking one 2-unit minimum CE course, taking a 1-unit CE course twice, or taking two 1-unit CE courses in the same program such as Dance, Music, or TAPS.

Matriculated students may fulfill a maximum of five Ways courses out of the 11 course requirement from another accredited college or university; these courses may be certified in any of the eight Ways categories but no more than one course in any one Way (i. e., up to one course in Way-A-II, Way-SI, Way-SMA, which have a two-course requirement; one course in Way-AQR, Way-ED, Way-ER, Way-FR; and 2 units in Way-CE). No more than 45 units in total transfer credit may count toward the undergraduate degree. The five course transfer limit is cumulative over a student's undergraduate career at Stanford.

Pre-Approval of Courses for Transfer Credit for Ways

Courses taken at another accredited college or university must be pre-approved for Ways certification prior to enrollment in the course. Courses that have not been pre-approved prior to enrollment at another accredited college or university are not eligible for Ways credit. Matriculated students must submit their Ways pre-approval requests by the quarterly deadline as defined on the Ways transfer credit page. The student is subject to a three-course limit for Ways pre-approval evaluation requests per term.

To request a Ways requirement through transfer work, the pre-approved course must be taken for a minimum of 3 quarter units, except for Creative Expression which is a minimum of 2 units, and be taken for a letter grade.

Once Ways transfer credit has been posted to the student's record by the

Office of the University Registrar, it is final and may not be changed.

Students seeking transfer credit should consult the Ways Transfer Credit page and the Transfer Credit Procedures page on the Office of the Registrar website.

Language Requirement

To fulfill the Language Requirement, undergraduates are required to complete one year of college-level study or the equivalent in a foreign language. Students may fulfill the requirement in any one of the following ways:

1. Complete three quarters of a first-year, 4–5 units language course at Stanford or the equivalent at another recognized post-secondary institution subject to current University transfer credit policies. Language courses at Stanford may be taken with the Credit/No Credit grading basis, if so offered, to fulfill the requirement.

2. Score 4 or 5 on the Language Advanced Placement (AP) test in one of the following languages: Chinese, French, German, Japanese, Latin, or Spanish. Advanced Placement (AP) tests in foreign literature do not fulfill the requirement.

3. Achieve a satisfactory score on the SAT II Subject Tests in the following languages taken prior to college matriculation:

Test Subject	Score
Chinese	630
French	640
German	630
Latin	630
Spanish	630
Italian	630
Japanese	620
Korean	630
Hebrew	540

4. Take a diagnostic test in a particular language which either:

    a. Places them out of the requirement, or

    b. Diagnoses them as needing one, two, or three additional quarters of college-level study. In this case, the requirement can then be fulfilled either by passing the required number of quarters of college-level language study at Stanford or the equivalent elsewhere, or by retaking the diagnostic test at a later date and placing out of the requirement.

Written placements are offered online throughout the summer in Chinese, French, German, Italian, Japanese, Russian, Spanish, and Spanish for home background speakers.

For a full description of Language Center offerings, see the "Language Center" section of this bulletin under the school of Humanities and Sciences.

Writing and Rhetoric Requirement

COVID-19-Related Grading Changes

PWR courses completed during academic year 2020 – 21, including Summer 2021, and taken for CR/NC grading with a Credit (CR) grade satisfy the WR-1 and WR-2 requirement. This grading policy exception, as well as online courses, will also be allowed for WR-1 and WR-2 transfer credit evaluations, provided those courses fulfill the other criteria for equivalency approval.

All instructors at Stanford University expect students to express themselves effectively in writing and speech. The Writing and Rhetoric requirement helps students meet those high expectations.

All candidates for the bachelor's degree, regardless of the date of matriculation, must satisfy the Writing and Rhetoric requirement. Transfer students are individually reviewed at the time of matriculation by the Office of the University Registrar's Degree Progress section and, if necessary, the

Program in Writing and Rhetoric (PWR) as to their status with regard to the requirement.

The Writing and Rhetoric requirement includes courses at three levels. The first two levels are described in more detail below. Writing-intensive courses that fulfill the third level, the Writing in the Major (WIM) requirement, are designated under individual department listings.

All undergraduates must satisfy the first-level Writing and Rhetoric requirement (WR 1) in one of five ways:

1. PWR 1: a course emphasizing writing and research-based argument.

2. SLE: writing instruction in connection with the Structured Liberal Education program.

3. ESF: writing instruction in connection with the Education as Self-Fashioning Thinking Matters course.

4. ITALIC: writing instruction in connection with the ITALIC Integrated Learning Environment.

5. Transfer credit approved by the Office of the University Registrar for this purpose.

All undergraduates must satisfy the second-level Writing and Rhetoric Requirement (WR 2) in one of four ways:

1. PWR 2, a course emphasizing writing, research, and oral presentation of research.

2. SLE: writing and oral presentation instruction in connection with the Structured Liberal Education program.

3. A course offered through a department or program certified as meeting the WR 2 requirement by the Writing and Rhetoric Governance Board. These courses are designated as WRITE 2.

4. Transfer credit approved by the Office of the University Registrar for this purpose.

A complete listing of PWR 1 courses is available each quarter on the PWR web site and in the PWR office in Sweet Hall, Third Floor. Complete listings of PWR 2 and WRITE 2 courses are available to students on the PWR web site the quarter before they are scheduled to complete the WR 2 requirement.

For a full description of the Program in Writing and Rhetoric (PWR), see the "Writing and Rhetoric" section of this bulletin under the Vice Provost of Undergraduate Education.

Requirements

Mathematics

24 units minimum; see Basic Requirement 1[1]		
CME 102/ENGR 155A	Ordinary Differential Equations for Engineers	5
or MATH 53	Ordinary Differential Equations with Linear Algebra	
Select one of the following:		3-5
CME 106/ENGR 155C	Introduction to Probability and Statistics for Engineers	
STATS 110	Statistical Methods in Engineering and the Physical Sciences	
STATS 116	Theory of Probability	
Plus additional math courses to total min. 24		
Science		
20 units minimum; see Basic Requirement 2[1]		
CHEM 31M (formerly 31X)	Chemical Principles Accelerated	5
Plus additional required courses[1]		
Technology in Society		
One course required; TIS courses should be selected from AA 252, BIOE 131, COMM 120W, CS 181, ENGR 131 (no longer offered), HUMBIO 174, MS&E 193, or ME 267		3-5
Engineering Fundamentals		
Two courses minimum; see Basic Requirement 3		
ENGR 14	Intro to Solid Mechanics	3
CS 106A or 106B	Programming Methodology or Abstractions	5
Engineering Core		
Minimum of 68 Engineering Science and Design ABET units; see Basic Requirement 5		

ENGR 15	Dynamics	3
ME 1	Introduction to Mechanical Engineering	3
ME 30	Engineering Thermodynamics	3
ME 70	Introductory Fluids Engineering	3
ME 80	Mechanics of Materials	3
ME 102	Foundations of Product Realization	3
ME 103	Product Realization: Designing and Making	4
ME 104	Mechanical Systems Design	4
ME 123	Computational Engineering	4
ME 131	Heat Transfer	4
ME 170A	Mechanical Engineering Design-Integrating Context with Engineering[2,3]	4
ME 170B	Mechanical Engineering Design: Integrating Context with Engineering[2,3]	4

Core Concentrations and Concentration Electives

In addition to completing core requirements, students must choose one of the concentrations paths below. In addition to their concentration specific 3-courses, students select 2-3 additional courses such that the combination adds up to a minimum of 18 units. One of these additional courses must be from technical electives associated with the student's selected concentration. The other 1-2 courses could come from either technical electives from the student's selected concentration or any other concentration and its associated technical electives. Up to 3 units of ME 191 (Independent Study) may be petitioned as one of the technical electives.

For students choosing theMaterials and Structures concentration path, in addition to the 2 concentration-specific courses, students must select at least 2 courses from the Materials and Structures electives, in addition to courses from other concentrations, as technical electives.

Dynamic Systems and Controls Concentration		
ME 161	Dynamic Systems, Vibrations and Control	3
ENGR 105	Feedback Control Design	3
Pick one of:		
ME 227	Vehicle Dynamics and Control	3
ME 327	Design and Control of Haptic Systems	4
Dynamic Systems and Controls Electives		
ENGR 205	Introduction to Control Design Techniques	3
ME 210	Introduction to Mechatronics	4
ME 220	Introduction to Sensors	3-4
ME 331A	Advanced Dynamics & Computation	3
ME 485	Modeling and Simulation of Human Movement	3
Materials and Structures Concentration		
ME 149	Mechanical Measurements	3
ME 152	Material Behaviors and Failure Prediction	3
Materials and Structures Electives		
AA 240	Analysis of Structures	3
MATSCI 198	Mechanical Properties of Materials	4
ME 234	Introduction to Neuromechanics	3
ME 241	Mechanical Behavior of Nanomaterials	3
ME 281	Biomechanics of Movement	3
ME 283	Introduction to Biomechanics and Mechanobiology	3
ME 287	Mechanics of Biological Tissues	4
ME 331A	Advanced Dynamics & Computation	3
ME 335A	Finite Element Analysis	3
ME 338	Continuum Mechanics	3
ME 339	Introduction to parallel computing using MPI, open MP, and CUDA	3
ME 345	Fatigue Design and Analysis	3
ME 348	Experimental Stress Analysis	3
Product Realization Concentration		
ME 127	Design for Additive Manufacturing	3
ME 128	Computer-Aided Product Realization	3
ME 129	Manufacturing Processes and Design (Offered AY 19-20)[5]	3

续表

Product Realization Electives		
ENGR 110	Perspectives in Assistive Technology (ENGR 110)	1-3
ENGR 240	Introduction to Micro and Nano Electromechanical Systems	3
CME 106	Introduction to Probability and Statistics for Engineers (see Note 4)	4
ME 210	Introduction to Mechatronics	4
ME 226	Data Literacy in Mechanical Design Engineering	3
ME 263	The Chair	4
ME 280	Deliverables: A Mechanical Engineering Design Practicum (formerly ME 181)	
ME 298	Silversmithing and Design	3-4
ME 309*	Finite Element Analysis in Mechanical Design	3
ME 324	Precision Engineering	4
Thermo, Fluids, and Heat Transfer Concentration		
ME 132	Intermediate Thermodynamics	4
ME 133	Intermediate Fluid Mechanics	3
ME 149	Mechanical Measurements	3
Thermo, Fluids, and Heat Transfer Electives		
ME 250*	Internal Combustion Engines	5
ME 257*	Gas-Turbine Design Analysis	3
ME 351A	Fluid Mechanics	3
ME 351B	Fluid Mechanics	3
ME 352A	Radiative Heat Transfer	3
ME 352B*	Fundamentals of Heat Conduction	3
ME 352C*	Convective Heat Transfer	3
ME 352D	Nanoscale Heat, Mass and Charge Transport	3
ME 362A	Physical Gas Dynamics	3
ME 370A	Energy Systems I: Thermodynamics	3
ME 370B	Energy Systems II: Modeling and Advanced Concepts	4
ME 371	Combustion Fundamentals	3
AA 283	Aircraft and Rocket Propulsion	3

续表

1	Math and science must total 45 units. • Math: 24 units required and must include a course in differential equations (CME 102 Ordinary Differential Equations for Engineers or MATH 53 Ordinary Differential Equations with Linear Algebra; one of these required) and calculus-based Statistics (CME 106 Introduction to Probability and Statistics for Engineers or STATS 110 Statistical Methods in Engineering and the Physical Sciences or STATS 116 is required. • Science: 20 units minimum and requires courses in calculus-based Physics and Chemistry, with at least a full year (3 courses) in one or the other. CHEM 31A Chemical Principles I/CHEM 31B Chemical Principles II are considered one course because they cover the same material as CHEM 31M (formerly 31X) Chemical Principles Accelerated but at a slower pace. CHEM 31M or 31X Chemical Principles Accelerated is recommended.
2	ME 170A and ME 170B fulfill the WIM requirement. In AY21, the same grading basis applies to both ME170A and ME170B, and cannot be changed after week 8 of enrollment in ME170A.
3	ME 170A and ME 170B are a 2-quarter Capstone Design Sequence and must be taken in consecutive quarters. In AY21, the same grading basis applies to both ME170A and ME170B, and cannot be changed after week 8 of enrollment in ME170A.
4	A course may only be counted towards one requirement; it may not be double-counted. Forexample, CME 106 units may not be double-counted in both the Math Requirement and Product Realization concentration. Students must have 24 and 68 unique units in math and EngrFund/TIS/ME Courses, respectively. Students may need to supplement additional SoE/ME-approved coursework if CME 106 is taken. All courses taken for the major must be taken for a letter grade if that option is offered by the instructor (except for Covid year 20 - 21). Minimum Combined GPA for all courses in Engineering Topics (Engineering Fundamentals and Depth courses) is 2.0.

Notes:

• PETITIONS: The Undergraduate Curriculum Committee of the Department of Mechanical Engineering Student Services Office must approve any deviation from the Engineering Depth (ME) requirements, and must give initial approval for any Petitions to deviate from School of Engineering requirements (i. e., math, science, Engineering Fundamentals, TIS). Such petitions must be prepared on the School of Engineering petition forms (see the Petitions page on this site), approved by the advisor, and submitted by the third week of the quarter before the expected graduation quarter. For example, for a June graduation, a student must submit the petition bythe Final Study List deadline. As students will not receive petition decisions until after the course drop/add deadline, students are advised to submit petitions at least a quarter prior to the quarter they intend to take the petitioned course. SoE deviation petitions must also be approved by the Dean's office in 135 Huang Engineering Center; the ME department will forward any petitions approved by the department.

- It is recommended that students review prerequisites for all courses before planning their course sequence.

附录 2　帝国理工学院机械工程专业本科培养方案

Programme Information		
Programme Title	Programme Code	HECoS Code
Mechanical Engineering	H301	For Registry Use Only

Award	Length of Study	Mode of Study	Entry Point (s)	Total Credits	
				ECTS	CATS
MEng	4 Years	Full Time	October	240	480
BEng (Hons) *	3 Years	Full Time	N/A	180	360
Dip HE *	2 Years	Full Time	N/A	120	240
Cert HE *	1 Years	Full Time	N/A	60	120

* The BEng (Hons), Dip HE and Cert HE are exit awards are not available for entry. They are unaccredited. All students must apply to and join the MEng.

Programme Overview

The MEng Mechanical Engineering programme seeks to educate and enthuse future engineers, resulting in graduate students with technical expertise matched with professionalism and creativity. The programme consists of technical, practical and professional skills modules in multiples of 5 ECTS.

In the first year you will develop a basic understanding across a range of technical modules in three technical themes: solid mechanics, thermofluids and mechatronics. The realisation of the engineering product and the understanding and practice of design is introduced in the Design and Manufacture module. Mathematics and computing are vital languages in engineering and your skills are developed in support of the technical themes. An engineer must operate in a commercial environment and the professional skills module develops and equips you with the necessary understanding and experience through practice.

The second year is a continuation of the first, further developing your expertise across the three technical disciplines, design and manufacture, supporting mathematics and computing and professional skills. These two core years establish a strong technical and professional base for subsequent years.

The third and fourth years enable you to tailor the programme to your own ambitions and still establish mastery in at least one technical theme. There are clear optional learning pathways through the programme, encapsulated in the theme structure, supporting the achievement of deep understanding and mastery expected at level 6 and 7. You will also broaden and deepen your understanding through a wide range of technical and commercial electives and establish a deep understanding of one selected advanced industrial application [Advanced Applications (AA) module]. You will also complete major projects. In year 3, the group Design, Make and Test project brings together your technical skills and develops creativity and innovation in a team-working environment, requiring you to produce reports, posters and presentations. Also in year 3, the Literature Research Project (LRP) (a component of the Professional Skills module) develops your critical analysis and report writing skills. In year 4, the individual project is an opportunity for you to develop and demonstrate a deep understanding in a key research area with sole responsibility through close supervision by academic staff who are experts in their fields.

As a graduate of this programme you will be equipped with the skills to find solutions to real-life problems with conflicting requirements. The employment trajectories of our graduates are very diverse. Many find work in consultancy, tackling an ever-changing variety of tasks. The technical and management skills of the discipline are equally valued in the commercial world, where they work together to sharpen the competitive edge. Some of our graduates elect to remain in academia to contribute to research and the education of future generations.

The degree programme is accredited by the Institution of Mechanical Engineers as the basis for Chartered Engineer status.

Learning Outcomes

On completion of year 1 (equivalent to a CertHE) you will be able to:

1. Explain the underpinning mathematics, basic mechanics, mechatronics and thermofluids associated with a career in mechanical engineering.

2. Consider how appropriate codes of practice, industry standards and quality issues are applicable to a general mechanical engineering career.

3. Apply design processes and methodologies.

4. Evaluate the characteristics of engineering materials, equipment and processes and basic mechanical workshop practices.

On completion of year 2 (equivalent to a DipHE), in addition to the ILOs above you will be able to:

6. Explain advanced mathematics and knowledge of the fundamentals of mechanical, mechatronics and thermofluids associated with a career in mechanical engineering.

7. Describe, develop and use mathematical and computer models for the analysis of engineering systems.

8. Recommend and select management techniques appropriate for a career in engineering and an understanding of the commercial and economic context of the engineering business.

9. Apply advanced design processes and methodologies in a team working environment.

10. Report technical ideas, results and data in a clear professional manner.

On completion of year 3 (equivalent to a BEng), in addition to the ILOs above you will be able to:

11. Research and critically evaluate concepts and evidence; apply diagnostic and creative skills and exercise significant judgement and accept accountability for determining and achieving personal and/or group outcomes.

12. Design, manufacture and test engineering devices, using creative processes, design processes, methodologies and team working.

13. Illustrate the intellectual property issues and of environmental, legal and ethical issues within the modern professional industrial world.

14. Construct physical and mathematical models in range of engineering subjects and evaluate and apply the analytical techniques used within at least one major engineering discipline.

On completion of year 4 (equivalent to a MEng), in addition to the ILOs above you will be able to:

15. Synthesize fundamental engineering concepts and evaluate and apply them to a complex and specialised area of engineering of industrial importance.

16. Select state-of-the-art methods in a range of engineering subjects, analyse complex data, and simulate and model relevant scenarios.

Conduct research, or advanced technical activity, accepting accountability for related decision making

The Imperial Graduate Attributes are a set of core competencies which we expect students to achieve through completion of any Imperial College degree programme. The Graduate Attributes are available at: www. imperial. ac. uk/students/academic-support/graduate-attributes.

Programme Structure[1]					
Year 1–FHEQ Level 4 Students study all core modules.					
Code	Module Title	Core/ Elective	Group[*]	Term	Credits
MECH40008	Mathematics and Computing 1	Core	N/A	1, 2	15
MECH40001	Professional Engineering Skills 1	Core	N/A	1, 2	5
MECH40005	Stress Analysis 1	Core	N/A	1, 2, 3	5
MECH40009	Mechanics	Core	N/A	1, 2, 3	5
MECH40006	Materials 1	Core	N/A	1, 2, 3	5
MECH40002	Fluid Mechanics 1	Core	N/A	1, 2, 3	5
MECH40003	Thermodynamics 1	Core	N/A	1, 2, 3	5
MECH40004	Mechatronics 1	Core	N/A	1, 2, 3	5
MECH40007	Design and Manufacture 1	Core	N/A	1, 2, 3	10
Credit Total					60

Year 2-FHEQ Level 5
Students study all core modules.

Code	Module Title	Core/Elective	Group	Term	Credits
	Mathematics and Computing 2	Core	N/A	1, 2	10
	Professional Engineering Skills 2	Core	N/A	1, 2	5
	Stress Analysis 2	Core	N/A	1, 2, 3	5
	Dynamics	Core	N/A	1, 2, 3	5
	Materials 2	Core	N/A	1, 2, 3	5
	Fluid Mechanics 2	Core	N/A	1, 2, 3	5
	Thermodynamics 2	Core	N/A	1, 2, 3	5
	Heat Transfer	Core	N/A	1, 2, 3	5
	Mechatronics 2	Core	N/A	1, 2, 3	5
	Design and Manufacture 2	Core	N/A	1, 2, 3	10
	Credit Total				60

Year 3-FHEQ Level 6
Students study all core and compulsory modules. Students must study both modules in at least one of groups A-C, and three additional modules from groups A-D. Note that no level 7 module (variant B) may be studied for credit where the corresponding level 6 module (variant A) has already been studied for credit. Note that a range of electives will be available in a given year and students will be given advance notice of which options are available to them ahead of making module choices.

Code	Module Title	Core/Elective	Group	Term	Credits
	Professional Engineering Skills 3	Core	N/A	1, 2	10
	Design, Make and Test Project	Core	N/A	1, 2, 3	20
	I-Explore (Level 5/6)	Compulsory	E	1 &/or 2	5
	Stress Analysis 3A	Elective	A	1, 2	5
	Fracture Mechanics A	Elective	A	1, 2	5
	Thermodynamics 3A	Elective	B	1, 2	5
	Fluid Mechanics 3A	Elective	B	1. 2	5
	Mechatronics 3A	Elective	C	1, 2	5
	Machine Dynamics and Vibrations A	Elective	C	1, 2	5
	Embedded C for Microcontrollers A	Elective	D	1, 2	5

Code	Module Title	Core/Elective	Group	Term	Credits
	Design, Art and Creativity A	Elective	D	1	5
	System Design and Optimisation A	Elective	D	1, 2	5
	Structure, Properties and Application of Polymers A	Elective	D	1, 2	5
	Computational Continuum Mechanics A	Elective	D	1	5
	Finite Element Analysis and Applications A	Elective	D	1, 2	5
	Manufacturing Technology and Management A	Elective	D	1, 2	5
	Introduction to Nuclear Energy	Elective	D	1	5
	Tribology A	Elective	D	1, 2	5
	Mathematics A	Elective	D	1, 2	5
	Statistics A	Elective	D	1, 2	5
Credit Total					60

Year 4-FHEQ Level 7

Students study all core modules. Students must study exactly one module from group A and five modules from groups B-C with at most two modules from group C. No level 7 module (variant B) may be studied for credit where the corresponding level 6 module (variant A) has already been studied for credit. Note that a range of electives will be available in a given year and students will be given advance notice of which options are available to them ahead of making module choices.

Code	Module Title	Core/Elective	Group	Term	Credits
	Individual Project	Core	N/A	1, 2, 3	25
	Aircraft Engine Technology	Elective	A	1, 2	10
	Metal Processing Technology	Elective	A	1, 2	10
	Future Clean Transport Technology	Elective	A	1, 2	10
	Mechanical Transmissions Technology	Elective	A	1, 2	10
	Advanced Control	Elective	B	1, 2	5
	Advanced Stress Analysis	Elective	B	1, 2	5
	Applied Vibration Engineering	Elective	B	1, 2	5
	Combustion Science	Elective	B	1, 2	5
	Computational Fluid Dynamics	Elective	B	1, 2	5

续表

Code	Module Title	Core/Elective	Group	Term	Credits
	Composite Materials	Elective	B	1, 2	5
	Interfacing and Data Processing	Elective	B	1, 2	5
	Nuclear Reactor Physics	Elective	B	2	5
	Nuclear Thermal Hydraulics	Elective	B	1	5
	Design, Art and Creativity B	Elective	B	1	5
	Stress Analysis 3B	Elective	B	1, 2	5
	Fracture Mechanics B	Elective	B	1, 2	5
	Fluid Mechanics 3B	Elective	B	1. 2	5
	Embedded C for Microcontrollers B	Elective	B	1, 2	5
	System Design and Optimisation B	Elective	B	1, 2	5
	Computational Continuum Mechanics B	Elective	B	1	5
	Finite Element Analysis and Applications B	Elective	B	1, 2	5
	IDX[†]	Elective	C	1, 2	5
	Credit Total				60

* 'Group' refers to module grouping (e. g. a group of electives from which one/two module (s) must be chosen).

† There are multiple IDX modules available: https: //www. imperial. ac. uk/engineering/study/current/inter-departmental-exchange-idx/.

1 Core modules are those which serve a fundamental role within the curriculum, and for which achievement of the credits for that module is essential for the achievement of the target award. Core modules must therefore be taken and passed in order to achieve that named award. Compulsory modules are those which are designated as necessary to be taken as part of the programme syllabus. Compulsory modules can be compensated. Elective modules are those which are in the same subject area as the field of study and are offered to students in order to offer an element of choice in the curriculum and from which students are able to select. Elective modules can be compensated.

附录 3 麻省理工学院土木工程专业本科培养方案

Department of Civil and Environmental Engineering

Bachelor of Science in Engineering (Course 1-ENG)

Program Educational Objectives

The educational objectives of our undergraduate education programs are in alignment with the mission of the Department of Civil and Environmental Engineering, the mission of the School of Engineering and the mission of MIT. They were developed as part of our latest curriculum revision, which began in 2013.

Mission Statements

The mission statements for the Institute, School of Engineering and Department of Civil and Environmental Engineering are as follows:

Institute

The mission of MIT is to advance knowledge and educate students in science, technology, and other areas of scholarship that will best serve the nation and the world in the 21st century.

The Institute is committed to generating, disseminating, and preserving knowledge, and to working with others to bring this knowledge to bear on the world's great challenges. MIT is dedicated to providing its students with an education that combines rigorous academic study and the excitement of discovery with the support and intellectual stimulation of a diverse campus community. We seek to develop in each member of the MIT community the ability and passion to work wisely, creatively, and effectively for the betterment of humankind.

School of Engineering

The MIT School of Engineering's mission is to educate the next generation of engineering leaders, to create new knowledge, and to serve society.

We strive to attract the most talented people in the world: to create, to innovate, and to see the unseen. Close knit and collaborative, the School is embedded in a hub for technology innovation, Kendall Square, and surrounded by the old world charm and cosmopolitan brio of Cambridge-Boston.

The largest of MIT's five schools, the School of Engineering comprises about 70 percent of MIT's undergraduates and 45 percent of graduate students. Just over a third of MIT's faculty are in the School, and they generate more than half of the sponsored research at the Institute.

Department of Civil and Environmental Engineering

Our core mission is to educate, inside and outside the classroom. We offer undergraduate degree programs in the broad areas of infrastructure and environment. Our graduate programs provide limitless possibilities at the frontier of knowledge and innovation.

Educational Objectives

Educational Objectives for the Bachelor of Science in General Engineering, Course 1-ENG Undergraduate Program.

The current program educational objectives were developed as part of the program's ongoing efforts to maintain through innovation an undergraduate program that meets the needs of our constituents. The current educational objectives of the undergraduate program are:

1. Graduates will become principals in the industries associated with engineering and professional engineers starting-up and growing their own new firms. They will become recognized experts working in government, consulting firms, and international organizations around the country and around the world addressing some of the most challenging problems of our times.

2. Graduates will become leading researchers and professors who create and disseminate new knowledge in engineering.

3. Graduates will pursue lifelong learning, such as graduate work and other professional education.

4. Graduates will be leaders, both in their chosen profession and in other activities

Student Outcomes

Outcomes for the Bachelor of Science in General Engineering, Course 1-

ENG Undergraduate Program.

1. An ability to identify, formulate, and solve complex engineering problems by applying principles of engineering, science, and mathematics.

2. An ability to apply engineering design to produce solutions that meet specified needs with consideration of public health, safety, and welfare, as well as global, cultural, social, environmental, and economic factors.

3. An ability to communicate effectively with a range of audiences.

4. An ability to recognize ethical and professional responsibilities in engineering situations and make informed judgments, which must consider the impact of engineering solutions in global, economic, environmental, and societal contexts.

5. An ability to function effectively on a team whose members together provide leadership, create a collaborative and inclusive environment, establish goals, plan tasks, and meet objectives.

6. An ability to develop and conduct appropriate experimentation, analyze and interpret data, and use engineering judgment to draw conclusions.

Engineering (Course 1-ENG)

General Institute Requirements (GIRs)

The General Institute Requirements include a Communication Requirement that is integrated into both the HASS Requirement and the requirements of each major; see details below.

Summary of Subject Requirements	Subjects
Science Requirement	6
Humanities, Arts, and Social Sciences (HASS) Requirement; at least two of these subjects must be designated as communication-intensive (CI-H) to fulfill the Communication Requirement	8
Restricted Electives in Science and Technology (REST) Requirement (can be satisfied by1.00 or 1.000, and 18.03 in the Departmental Program)	2

Summary of Subject Requirements	Subjects
Laboratory Requirement (12 units) (can be satisfied from among 1.101 and 1.102 or 1.106 and 1.107 in the Departmental Program)	1
Total GIR Subjects Required for SB Degree	17
Physical Education Requirement	
Swimming requirement, plus four physical education courses for eight points	

Departmental Program

Choose at least two subjects in the major that are designated as communication-intensive (CI-M) to fulfill the Communication Requirement.

General Department Requirements (GDRs)		Units
1.00	Engineering Computation and Data Science	12
or 1.000	Introduction to Computer Programming and Numerical Methods for Engineering Applications	
1.010	Probability and Causal Inference	12
1.013	Senior Civil and Environmental Engineering Design (CI-M)	12
1.073	Introduction to Environmental Data Analysis	6
or 1.074	Multivariate Data Analysis	
18.03	Differential Equations	12
Core Subjects		
Select one area of core coursework		54~63
Environment		
1.018 [J]	Fundamentals of Ecology	
1.060	Fluid Mechanics	
1.061A	Transport Processes in the Environment I	
1.070A [J]	Introduction to Hydrology and Water Resources	
1.080	Environmental Chemistry	
1.091	Traveling Research Environmental eXperience (TREX): Fieldwork	
1.106	Environmental Fluid Transport Processes and Hydrology Laboratory	
1.107	Environmental Chemistry Laboratory (CI-M)	

续表

General Department Requirements (GDRs)	Units
Mechanics/Materials	
1.035　Mechanics of Materials	
1.050　Solid Mechanics	
1.060A　Fluid Mechanics I	
1.036　Structural Mechanics and Design	
1.101　Introduction to Civil and Environmental Engineering Design I	
1.102　Introduction to Civil and Environmental Engineering Design II (CI-M)	
Systems	
1.020　Engineering Sustainability: Analysis and Design	
1.022　Introduction to Network Models	
1.041　Transportation: Foundations and Methods	
1.075　Water Resource Systems	
1.101　Introduction to Civil and Environmental Engineering Design I	
1.102　Introduction to Civil and Environmental Engineering Design II (CI-M)	
Elective Subjects with Engineering Content[1]	
Students are required to take at least four Restricted Electives selected from subjects offered within or outside CEE to form a coherent program of study under supervision by CEE faculty.	48-60
Units in Major	**165-168**
Unrestricted Electives[1]	**48-60**
Units in Major That Also Satisfy the GIRs	(36)
Total Units Beyond the GIRs Required for SB Degree	**180**

1 *In order to reach the 180 units beyond the GIRs required, students may need to take more than 48 units of Restricted and/or Unrestricted Electives. Direct requests for more information to cee-apo@ mit. edu.*

The units for any subject that counts as one of the 17 GIR subjects cannot also be counted as units required beyond the GIRs.

附录4 代尔夫特理工大学土木工程
专业本科培养方案

Bachelor of Civil Engineering

If, anywhere in the world, you want to improve our living environment with smart solutions, then the bachelor programme Civil Engineering might be a good choice for you! Technically versatile, socially relevant and challenging. Get involved in solving the traffic jams in an American metropolis, build a giant water dam in China or become the mastermind behind an imposing structure like the Golden Gate Bridge. Civil engineers make the world a safe, liveable and accessible place with solutions that address climate and economic change. Civil Engineering at the TU Delft is world leading and ranks 2nd in the QS Ranking.

Civil engineers work internationally on large and smaller projects that capture the imagination: from the world's tallest building in Dubai and the storm surge barrier near New Orleans, to the North-South metro line in Amsterdam. This shows that there are three main fields of study in civil engineering.

Field of study

Water

If you become a water expert, you'll learn all there is to know about waste water treatment, irrigation techniques and drainage and sewerage systems. You'll also know all about flood defences, land reclamation, coastal reinforcement, the Delta Works and the right amount of water for humans, nature and agriculture. In view of the changing climate and rising sea levels, the knowledge of water experts is of vital importance for many people.

Construction

Buildings, bridges and tunnels must be safe. Can they withstand extreme weather conditions? Are the right materials used? Is the supporting structure strong enough? Is the area subject to subsidence? As a civil engineer you are responsible for the structural and building engineering.

Transport

The world's population has grown exponentially. Accessibility has become a problem. How many kilometres of traffic jams are there throughout the world on any given day? As a civil engineer specialising in transport, you devise innovative aboveground and underground solutions for road and rail transport. Your attention is focused on the efficiency, flow and capacity of existing transport networks, as well as new transport methods.

Degree: BSc Civil Engineering

Starts: September

Study load: 180 EC, 36 months

Working Language: Dutch

Faculty: Civil Engineering and Geosciences (CEG)

Form: Full time-on campus

Ranking: 2nd in the QS Civil & Structural Rankings by Subject 202

Curriculum

The academic year is divided into four ten-week periods. During the first two years, you take eight weeks of lectures in each period, followed by two weeks of exams. You follow four courses in each period. In the fifth week of each period, you take digital tests on the material covered in each application course.

An application course teaches you more about the Construction, Water and Transport fields of study. As a result, you have fewer exams during the examination period. Each period includes time for the Bouwplaats ('Building Site'), which covers laboratory courses and skills such as presenting, programming and drawing. Attendance at the Bouwplaats is compulsory, and the work is subject to assessment. In principle, there are no exams. If you carry out the work assigned to you satisfactorily, you will receive credits for it.

The third year is structured differently, without the Bouwplaats. You ultimately complete your Bachelor's programme with a final assignment that resembles a coursework project, after which you will be entitled to use the title Bachelor of Science (BSc).

The Bachelor's degree programme in Civil Engineering is a three-year programme consisting of a combination of different teaching formats, such as lectures, tutorials and the Bouwplaats. Lectures and tutorials take place between 08: 45 and 17: 30 hours. A lecture lasts 90 minutes.

Study plan

The fields of study are addressed during this Bachelor's degree programme. This is logical, as a civil engineer must know a certain amount about each of the fields of study.

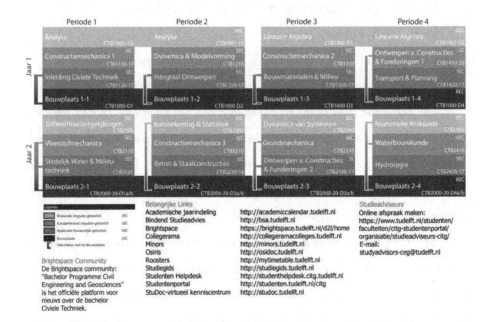

TUDelft		Bachelor Civiele Techniek 2020-2021

Jaar 3

Periode 1	Periode 2	Periode 3	Periode 4
Minor 30EC		Surveying & Mapping 4EC CTB3310	Specialisatievak 3 CTB36xx
		Road & Railway Design 4EC CTB3320	Bachelor Eindwerk 10EC CTB3000-16
		Specialisatievak 1 CTB34xx	
		Specialisatievak 2 CTB35xx	

3 specialisatievakken, te kiezen uit onderstaande keuzelijst (12 EC)

Overzicht van (sterk) aanbevolen keuzevakken, gerelateerd aan de MSc-track

Code	Course	BE	EE	GE	GRS	TP	WM	HE	SE
CTB3330	Structural Mechanics 4	BE-SD		i				i	All
CTB3335	Concrete Structures 2	BE-SD		i				i	All
CTB3340-15	Building Structures 1	All							i
CTB3350	Open Channel Flow							All	
CTB3355	Hydraulic Structures							All	i
CTB3360	Water Systems Analysis		i				All		
CTB3365-16	Introduction to Water Treatment		All				All		
CTB3370-18	Geometrical Design of Roads and Railways					All			
CTB3385	Use of Underground Space			All					
CTB3390	Mechanics and Transport by Flow in Poreus Media			All				i	
CTB3415	Water Management Research		i				i	i	
CTB3420	Integral Design of Infrastructure	i							i
CTB3425-17	Monitoring and Stability of Dikes and Embankments			All				i	i
CTB3311	Climate Impacts and Engineering	i	i	i	All	i	All	i	i

Vakken met een voorkennisrelatie tot de MSc-track worden aangeduid met 'All' (vetgedrukt). Sterk aanbevolen vakken worden aangeduid met 'All'. Andere interessante cursussen voor de MSc-track zijn aangegeven met 'i'.
Studenten die vakken met voorkennisrelatie NIET in de BSc volgen, dienen deze vakken op te nemen in het MSc-programma (zie bijlage van de TER MSc CE-AES-CME)

Legenda:
BE Building Engineering
EE Environmental Engineering
GE Geo-Engineering
GRS Geoscience & Remote Sensing
TP Transport & Planning
WM Water Management
HE Hydraulic Engineering
SE Structural Engineering

The study programme in Civil Engineering consists of four learning paths.

- Mathematics

- Mechanics courses and foundation courses

- Applied civil engineering courses

- (Research) skills

Each quarter, you will have a mathematics course, a mechanics or structural design course, an applied course (e. g. Introduction to CT) and the Bouwplaats. This structure is identical for Year 1 and Year 2. The Bouwplaats is included in your schedule each week.

Year 1

During the first year, you lay the foundation for your technical knowledge with mathematics, mechanics and construction courses. You become acquainted the Construction and Transport fields of study, software related to these fields, and soft skills such as presenting and reporting. You also begin designing structures and (technical) drawing.

Year 2

During your second year, you expand your basic technical knowledge with subjects such as differential equations, dynamics, fluid and structural mechanics. You also become acquainted with the Water field of study and start to learn programming.

Year 3

You choose a six-month minor programme and three specialisation courses to prepare for the Master's degree programme. A minor enables you to broaden or deepen your studies. Your future employers will be happy to see that you dared to look beyond your own degree programme.

Minor

In Semester 1 of Year 3 of the Bachelor's degree programme you will have the opportunity to spend six months broadening your horizons and exploring a subject that interests you, in the way that suits you best. Alternatively, you can widen your world by opting for a cohesive course package, an internship or a course abroad. A well-chosen Minor can help you to find the career direction that suits you, or to discover which Master's programme you would like to take after your Bachelor's degree programme.

附录5　加州大学伯克利分校化学工程专业本科培养方案

Chemical Engineering Major

The Bachelor of Science Degree in Chemical Engineering offers students solid preparation for professional work in development, design, and operation of chemical products and processes. It prepares the student for employment in such industries as chemical, petroleum, electrochemical, biochemical, semiconductor, nuclear, aerospace, plastics, food processing, or environmental control.

Students with high scholastic attainment are well prepared to enter graduate programs leading to advanced degrees in chemical engineering or in related professional, scientific, and engineering fields. The undergraduate program is accredited by the Engineering Accreditation Commission of ABET, http: //www. abet. org (link is external).

To graduate with a B. S. degree from the College of Chemistry, students must satisfy the following requirements in addition to completing the lower and upper division course requirements for their major.

University Requirements

Please refer to the Berkeley Bulletin for Entry-level Writing and American History and Institutions requirements (link is external).

Berkeley Campus Requirement

American Cultures (link is external)

Senior Residence

After 90 units toward the bachelor's degree have been completed, at least 24 of the remaining units must be completed in residence in the College of Chemistry, in at least two semesters (the semester in which the 90 units are exceeded, plus at least one additional semester).

To count as a semester of residence for this requirement, a program must include at least 4 units of successfully completed courses. A summer session can be credited as a semester in residence if this minimum unit requirement is satisfied.

Juniors and seniors who participate in the UC Education Abroad Program (EAP) for a full year may meet a modified senior residence requirement. After 60 units toward the bachelor's degree have been completed, at least 24 (excluding EAP) of the remaining units must be completed in residence in the College of Chemistry, in at least two semesters. At least 12 of the 24 units must be completed after the student has already completed 90 units. Undergraduate Dean's approval for the modified senior residence requirement must be obtained before enrollment in the Education Abroad Program.

Chemical Engineering Majors

Chemical Engineering majors must complete a minimum of 45 engineering units, excluding CBE 185.

Minimum Total Units

A student must successfully complete at least 120 semester units in order to graduate.

Grades

A student must earn at least a C average (2.0 GPA) in all courses undertaken at UC, including those from UC Summer Sessions, UC Education Abroad Program, and UC Berkeley Washington Program, as well as XB courses from University Extension.

Chemical Engineering Major Lower Division Requirements

Humanities and Social Sciences Breadth Requirement (19/22 units)

- Students who have completed CBE 185 by Spring 2017 need 19 units of breadth electives
- Students who have not yet completed CBE 185 by the end of Spring 2017 need 22 units of breadth electives

The College of Chemistry's humanities and social sciences breadth requirement promotes educational experiences that enrich and complement the technical requirements for each major.

The Breadth Requirement includes the Reading & Composition and American Cultures requirements.

Reading and Composition. Students must demonstrate reasonable proficiency in English composition by completing with a C-or higher a first-level course

(e. g., English R1A) selected from the list of approved <u>Reading and Composition courses</u> (link is external).

- R&C courses must be taken for a letter grade and must be completed by end of first year
- English courses at other institutions may satisfy the requirement (s); check with your Undergraduate Adviser
- After admission to Berkeley, credit for English at another institution will not be granted if the Entry Level Writing requirement has not been satisfied

American Cultures. A requirement specific to the Berkeley Campus, <u>American Cultures courses</u> (link is external) explore a broad range of topics through the lens of race and ethnicity.

Additional Breadth and Breadth Series. As part of the 22 units, students must complete a two-course Breadth Series requirement, at least one being upper division, in the same or a very closely allied humanities or social science department (s).

- Advanced Placement credit may be used to satisfy the lower division aspect of the Breadth Series requirement
- Students may continue fulfilling the 22-unit Breadth requirement in the junior or senior year
- Courses that satisfy the American History and Institutions or American Cultures requirements also count toward the 22-unit breadth requirement
- Breadth courses may be taken on a Pass/No Pass basis
- Courses used to satisfy the humanities and social sciences breadth requirement may not be used to satisfy other major requirements (e. g. Anthro 1 cannot be used as both a breadth elective and a science elective)

Remaining units must come from the following L&S breadth areas, excluding courses which only teach a skill (such as drawing or playing an instrument):

Arts and Literature

Foreign Language1, 2, 3 (link is external)

Historical Studies

International Studies

Philosophy and Values

Social and Behavioral Sciences

To find course options for breadth, go to theBerkeley Academic Guide Class Schedule (link is external), select the term of interest, and use the 'Breadth Requirements' filter (link is external) to select the breadth area (s) of interest.

- Breadth courses may be taken on a *Pass/No Pass* basis (excluding Reading and Composition)

- AP, IB, and GCE A-level exam credit may be used to satisfy the breadth requirement

1 Elementary-level courses may not be in the student's native language and may not be structured primarily to teach the reading of scientific literature.

2 For chemistry and chemical biology majors, elementary-level foreign language courses are not accepted toward the 15 unit breadth requirement if they are used (or are duplicates of high school courses used) to satisfy the Foreign Language requirement.

3 For chemical engineering majors, no more than six units of foreign language may be counted toward the 22 unit breadth requirement.

Chemistry 4A, 4B, 12A+

Students study general chemistry and quantitative analysis in a two-semester series (4A-4B) in the first year, and organic chemistry (12A+)

in the Fall of the second year.

- A grade of C-or better is required in Chemistry 4A before taking 4B, in 4B before taking more advanced courses, and in 12A+if students wish to continue with 12B+.

† Chem 12A = 112A and Chem 12B = Chem 112B for Spring 2017 or earlier.

CBE 140, 141, 150A

- Students must complete 140 with a grade of C-or better before enrolling in any other course in CBE.
- A grade of C-or better in 141 is required before taking 142.
- A grade of C-or better in 150A is required before any additional course in the 150 series may be taken.

Engineering 7 （W7 ok）

Must be taken before, or concurrently with, CBE 141 and before 150B.

Materials Science and Engineering 45 and 45L*

Materials Science & Engineering. 45, and 45L*, plus 3* units selected from the list of Engineering Electives.

* Effective Fall 2017, MSE 45/L is replacing E 45/L. MSE 45L is not required if the student took E 45 during spring 2016 or earlier.

Mathematics 1A, 1B, 53, 54

This program should start in the first semester of the freshman year.

Physics 7A, 7B

This program should start in the second semester of the freshman year.

Biology 1A （lecture only） or Bioengineering 11

Biotechnology-concentration students are required to take Molecular and Cell Biology 102 or Chemistry 135 in place of Biology 1A. Students who do not have a background substantially equivalent to Biology 1A may want to take Biology 1A as a prerequisite to Molecular and Cell Biology 102 or Chemistry 135.

Please note that students must achieve a 2. 0 GPA in College of Chemistry courses to continue in the Chemical Engineering major. Students wishing to take a lighter load during their first two years may take courses such as Math 53 or 54, Physics 7B, and breadth courses in the summer session.

Chemical Engineering Upper Division Requirements

Chemistry. 120A, or Physics 137A.

CBE. 142, 150B, 154, 160, 162, plus 3 units of lower-or upper-division engineering electives (please note: this requirement is repeated under each set of concentration requirements).

Electives and Concentrations

In addition to the requirements listed above, students must complete the requirements for either an open elective program, consisting of science and engineering electives chosen from a broad range of courses, or a concentration, noted on the student's official transcript after the B. S. degree is conferred.

A course used toward satisfaction of the open elective program or a concentration cannot also be used toward satisfaction of another College of Chemistry requirement or Chemical Engineering major requirement. A maximum of six units of research can be applied toward electives.

Open Elective Program

Students who do not choose a concentration must complete the following requirements for the open elective program:

- 3 units of science elective selected from the list ofPhysical and Biological Science Electives

- 3 units of CBE elective (CBE 196 may not be used as a CBE elective)

- 6 units of engineering electives selected from the list of Engineering Electives. Other engineering courses may be approved by the CBE Department

- Plus 3 units of lower-or upper-division engineering electives (required for all CBE majors)

Concentrations

The concentrations are biotechnology, chemical processing, environmental technology, materials science and technology, applied physical science, and business and management. Students who plan to declare a concentration must do so no later than the end of their junior year. To declare a concentration, complete the Chemical Engineering Concentration Declaration Form (link is external) and turn it in to your adviser in 121 Gilman. Double concentrations are not permitted.

Biotechnology

- CBE 170A (3) Biochemical Engineering
- CBE 170B (3) Biochemical Engineering**
- Chemistry 12B+or Molecular and Cell Biology C112 or Molecular and Cell Biology 104
- Choose one from the following:
    - CBE C170L (3) Biochemical Engineering Laboratory
    - CBE 182 (3) Nanoscience and Engineering Biotechnology
    - CBE 274 (3) Biomolecular Engineering (requires consent of instructor)
    - BioE 103 (4) Engineering Molecules
    - BioE 111 (4) Functional Biomaterials Development and Characterization
    - BioE 116 (4) Cell and Tissue Engineering
    - BioE 140L (4) Synthetic Biology Laboratory
    - BioE C144 (4) Protein Informatics (Students must sign up for BioE C144L (2) if taking C144)
    - BioE 148 (3) Bioenergy and Sustainable Chemical Synthesis:

Metabolic Engineering and Synthetic Biology Approaches

- ○ BioE C213 (3) Fluid Mechanics of Biological Systems
- ○ MCB 130 (4) Cell and Systems Biology
- ○ MCB 150 (4) Molecular Immunology
- ○ CBE 196 or CBE H194 (3-4) Undergraduate Research in a biotechnology research laboratory will be considered. Requires approval from the faculty. Send requests to Professor Wenjun Zhang

- 3 units of upper-or lower-division engineering electives
- BioE11 or Chemistry 135 or Molecular and Cell Biology 102, instead of Biology 1A, are required for Biotechnology Concentration students. Note that Biology 1A is a prerequisite for Chemistry 135 and Molecular and Cell Biology 102. Scores of 4 or 5 on the AP Bio test do not fulfill the Biotechnology Concentration requirement

Chemical Processing

- Chemistry 104A or 12B+
- 6 units of CBE electives chosen from the following: 170A, 170B, C170L, 171, 176, C178, 179, 180, H194 (up to 3 units)
- 3 units of engineering selected from the following: Civil and Environmental Engineering C30, 111, 114, 173; Materials Science and Engineering 111, 112, 113, C118, 120, 121, 122, 123; Mechanical Engineering 140, 151
- Plus 3 units of lower-or upper-division engineering electives (required for all CBE majors)

Energy and Environment

The Energy and Environment Concentration offers in-depth studies of flows of mass and energy within and between the earth's terrestrial and ocean systems and the atmosphere, greenhouse gases, the earth's changing climate, climate models, and solutions to climate change including materials and technologies that provide clean soil, water, air, and sustainable energy.

Engineering elective options span the breadth of energy generation and distribution including courses on thermal power, alternative and renewable energy technologies, nuclear power, the electric power grid, and pollution control technology. Science electives emphasize water and soil, environmental science, carbon cycle, and climate dynamics.

- 3 units chosen from the following science courses:
  - ENE RES 102, 131
  - EPS 80, 102, C180***, C181, C183
  - ESPM 15, C46, C125, 152***, C170, C133
  - GEOG 40, C135, 139, 142***, C148
  - Students graduating Fall 2021 or earlier may also use: CHEM 12B+, or CHEM 104A, 143 (2 units), or PHYS 7C
- 9 units chosen from the following engineering courses:
  - CHM ENG 90, 176, 183, 195/295 (Carbon Sequestration, Energy from Biomass, or other approved topics)
  - CIV ENG 11, 105, 106***, 107, 110, 111, 111L, 113, 114, C116, C130N, 173
  - EL ENG 134, 137A, 137B
  - MAT SCI 136
  - MEC ENG 140, 146
  - NUC ENG 100, 101, 150, 161, 180
  - Students graduating Fall 2021 or earlier may also use: CHM ENG 170A, C178, 179

A maximum of 4 units of lower division coursework total can be applied from the courses above

- Plus 3 units of lower-or upper-division engineering electives (required for all CBE majors)

*** Courses with significant content overlap are restricted, such that students may use one, but not both of the paired courses listed below to fulfill the concentration:

ESPM 152 OR GEOG 142

EPS C180 OR CIV ENG 106

Materials Science and Technology

- One of Chemistry 104A, 108, or 12B+
- 3 units of CBE elective selected from the following: 176, C178, 179
- 6 units chosen from the following: Civil and Environmental Engineering C30; Electrical Engineering 130, 143; Materials Science and Engineering 102, 103, 111, 112, 120, 121, 122, 123, 125; Mechanical Engineering 122, 127
- Plus 3 units of lower-or upper-division engineering electives (required for all CBE majors)

Students may take Mechanical Engineering 122 without the prerequisites of Civil and Environmental Engineering 130N and Mechanical Engineering 108.

Applied Physical Science

- 6 units of chemistry or physics courses selected from the list of Physical and Biological Science Electives
- 3 units of CBE elective (CBE 196 may not be used as a CBE elective)
- 3 units of engineering electives selected from the list of Engineering Electives
- Plus 3 units of lower-or upper-division engineering electives

（required for all CBE majors）

Business and Management

This revised Business and Management concentration applies to students who have junior-level （or lower） class standing at the start of Fall semester 2017. Students who have higher （e. g., senior or 5th year senior） class standing at the start of Fall semester 2017 are "grandfathered" into the previous version.

- 3 units of science elective selected from the list of Physical and Biological Science Electives
- CBE 180 （ENGIN 120 and IND ENG 120 are not acceptable substitutes. CBE 180 was developed and approved to meet the needs of students that ENGIN 120 and IND ENG 120 do not meet）
- 3 units of engineering electives selected from the list of Engineering Electives
- 6 units chosen from the following UGBA courses. CBE students should consider taking the following business courses, or their equivalent at another institution, early in their college career:

UGBA 102A-3 Units-Introduction to Financial Accounting

UGBA 105-3 Units-Leading People

UGBA 106-3 Units-Marketing

UGBA 119-3 Units-Leading Strategy Implementation

UGBA 152-3 Units-Negotiation and Conflict Resolution （UGBA 105, listed above, is a prerequisite for UGBA 152）

UGBA 155-3 Units-Leadership

UGBA 160-3 Units-Consumer Behavior （UGBA 106, listed above, is a prerequisite for UGBA 160）

UGBA 161-3 Units-Marketing Research: Data and Analytics （UGBA

106, listed above, is a prerequisite for UGBA 161)

UGBA 162 - 3 Units-Brand Management and Strategy (UGBA 106, listed above, is a prerequisite for UGBA 160)

UGBA 169-3 Units-Pricing

UGBA 175-3 Units-Legal Aspects of Management

UGBA 179 - 3 Units-International Consulting for Small and Medium-Sized Enterprises

UGBA 192P-3 Units-Sustainable Business Consulting Projects

UGBA 195A-3 Units-Entrepreneurship

UGBA 195P-3 Units-Perspectives on Entrepreneurship

- Plus 3 units of lower-or upper-division engineering electives (required for all CBE majors)

Courses counted toward the Business and Management concentration must be in addition to any courses used to satisfy breadth requirements.

∗ Students who took E 45 instead of MSE 45+45L must complete 4 units of engineering electives instead of 3.

∗∗ Students graduating before May 2021 may replace CBE 170B with a second course chosen from the "Choose one from the following" select electives list for the Biotechnology Concentration.

† Chem 12B = Chem 112B for Spring 2017 or earlier.

Suggested Sequence of Courses

Bachelor of Science Degree in Chemical Engineering		
Freshman Year	**Fall**	**Spring**
Math 1A, 1B, Calculus	4	4
Chemistry 4A (F), 4B (S), General/Quantitative Analysis	5	5
Physics 7A‡, Physics for Scientists and Engineers	—	4
Reading and Composition R1A	4	—
Engineering 7‡, Intro to Computer Programming for Scientists and Engineers	—	4
Total	13	17

Sophomore Year	Fall	Spring
Math 53, 54, Multivariable Calculus; Linear Algebra and Differential Equations	4	4
Chemistry 12A+ (F), Organic Chemistry	5	—
Physics 7B, Physics for Scientists and Engineers	4	—
Biology 1A, General Biology OR Bio Eng 11, Engineering Molecules I	—	3
Chem Eng 140 Process Analysis	4	—
Chem Eng 141 (S) Thermodynamics	—	4
Chem Eng 150A (S) Transport Processes	—	4
Total	17	15
Junior Year	**Fall**	**Spring**
Materials Science and Engineering 45 and 45L**, Properties of Materials with Lab	4	—
Chemistry 120A Physcial Chemistry or Physics 137A, Quantum Mechanics	—	3-4
Breadth Elective** *	3-4	—
Chem Eng 142 (F), Kinetics	4	—
Chem Eng 150B (F), Transport Processes	4	—
Lower Division or Upper Division Engineering Elective	—	3-4
Chem Eng 154 *, Lab	—	4
Breadth Elective/American Cultures ***	—	3-4
Total	15-16	13-16
Senior Year	**Fall**	**Spring**
Chem Eng 162, Process Control	4	—
Chem Eng 160, Design	—	4
Science Elective	3-4	—
Chem Eng Elective	3-4	—
Upper Division Engineering Elective	—	6-8
Breadth Electives ***	6-8	3-4
Total	13-19	13-16

续表

（F） course is offered in fall only
（S） course is offered in spring only

* *Student ID rule applies: Normal timing for students with SID numbers ending in 2, 4, 6, or 8 is spring of junior year, and for students with SID numbers ending in 0, 1, 3, 5, 7, or 9 is fall of senior year. Extenuating circumstances due to issues such as transfer status should be discussed with 154 instructor.*

** *E45L is not required if the student took E45 during spring 2016 or earlier.*

*** *The breadth elective requirement is comprised of 22 units, including one semester of Reading & Composition（R1A）and the breadth series requirement. If a student took Chem Eng 185 Technical Communications by spring 2017, the breadth requirement is 19 units.*

† *Chem 12A = 112A and Chem 12B = Chem 112B for Spring 2017 or earlier.*

‡ *Students who have satisfied Math 1A and who plan to take Math 1B or 53 in the Fall may consider also taking Physics 7A or Engineering 7. Math 1B is a pre-requisite or co-requisite for these courses.*

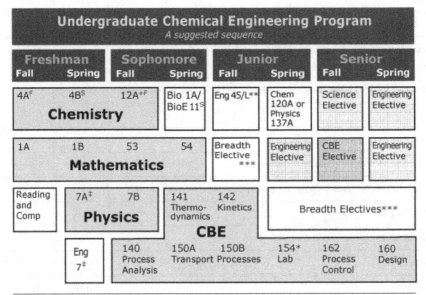

F = course offered during fall semesters only
S = course offered during spring semesters only

*Student ID rule applies: Normal timing for students with SID numbers ending in 2, 4, 6, or 8 is spring of junior year, and for students with SID numbers ending in 0, 1, 3, 5, 7, or 9 is fall of senior year. Extenuating circumstances due to issues such as transfer status should be discussed with 154 instructor.

**Eng. 45L is not required if the student took E45 in spring 2016 or earlier.

***The breadth elective requirement is comprised of 22 units, including one semester of Reading & Composition (R1A) and the breadth series requirement. If a student took Chem Eng 185 Technical Communications by spring 2017, the breadth requirement is 19 units.

† Chem 12A=112A and Chem 12B=Chem 112B for spring 2017 or earlier.

‡ Students who have satisfied Math 1A and who plan to take Math 1B or 53 in the Fall may consider also taking Physics 7A or Engineering 7. Math 1B is a pre-requisite or co-requisite for these courses.

附录6　苏黎世联邦理工学院化学工程专业本科培养方案

BSc Chemical Engineering

Scope

Chemical engineering and bioengineering inhabit an exclusive position at the interface between engineering and molecular science. Intimately connected to the basic sciences such as chemistry, biology and physics-and in association with engineering disciplines such as mechanical engineering, materials science, electrical engineering and computer science-chemical engineering and bioengineering aim to develop new processes and methods for the design, production, transformation and application of existing and novel materials. The basic mission of chemical and bioengineers is to develop new applications of molecules and biomolecules that will improve the quality of life, and to produce them in quantities and at a cost that allows them to be accessible to all.

Structure

The first two years of the Bachelor programme provide students with a strong foundation in the chemical sciences. This not only involves core lectures in physical chemistry, organic chemistry, inorganic chemistry and analytical chemistry but additional instruction in mathematics, physics and biology. In addition to lectures, students receive substantial training in experimental methods and spend significant amounts of time in the laboratory, where theoretical concepts are applied to real-world problems. In the third year of the Bachelor programme students are formally exposed to the core engineering disciplines and confronted with problems related to the design and development of industrial processes and products. Importantly, technological, economic and ecological themes are accounted for using an integrated approach. Experimental work in the teaching laboratories is complemented with the construction of a tool-box of simulation models personalized for each student and their research areas of interest.

Educational objective and career profiles

Chemical and Bioengineering-from molecules to products

In our modern society, there is hardly a product which is not at least partly made from industrially manufactured chemical substances or chemically altered raw materials. One of the main tasks of chemical and bioengineering personnel is to develop and implement the necessary transformation processes at an industrial level, always taking into account economic efficiency and ecological sustainability.

Chemical engineers are active in the areas of process development and production. They generally work where materials are produced, processed and refined, mainly in the chemical or pharmaceutical industries, but also in other process industries such as metal and machines, electronics, foodstuffs, textiles and synthetics.

The Bachelor's degree programme in Chemical Engineering is a natural sciences programme at the interface between classical engineering and molecular science. Its students acquire a grounding in chemistry, biology and physics and learn to apply concepts from mechanical engineering, electrical engineering, computer science and medicine. A Bachelor's degree in Chemical Engineering from ETH Zurich entitles the holder to progress to the ETHZ Master's degree programme in Chemical Engineering. The Master's degree comprises the first professional qualification.

Domain-specific knowledge and understanding

Graduates with a Bachelor's degree in Chemical Engineering

- possess basic knowledge of physics, mathematics, statistics, biology, computer science, plus security, risk and environmental aspects;

• possess the basic knowledge to develop methods and processes via which chemical substances may be transformed economically and ecologically and in industrial quantities into usable products such as materials and agents;

• know the possible influences of processes on product characteristics; potential side effects and waste products; and the risks associated with the circulation of substances and products.

Skills

Graduates with a Bachelor's degree in Chemical Engineering are able to

• apply scientific foundations and working methods to tackle theoretical and practical chemical engineering problems;

• independently apply various concepts, principles and effects from chemical engineering to understand and evaluate general and specific problems;

• deploy important laboratory techniques competently;

• draw on economic concepts to make decisions;

• carry out scientific literature research.

Personal and social competences

Graduates with a Bachelor's degree in Chemical Engineering are able to

• use various communication and information media and critically evaluate their content;

• present scientific content correctly and clearly, orally and in writing;

• discuss chemical engineering problems in a team and to seek solutions together;

• think in terms of interdisciplinary and social connections and recognise ethical aspects of the discipline;

• use resources economically, and to act responsibly by recognising and considering potential risks and dangers to themselves and the environment.

The degree programme

Common first and second years of the Bachelor's degree programme.

The first two years provide basic knowledge in the core subjects of analytical, inorganic, organic and physical chemistry, plus basic training in mathematics, physics, computer science and biology. Laboratory work is of great importance: here students familiarise themselves with experimental work and apply theoretical knowledge taught in the lectures to practical problems.

Third year of the Bachelor's degree programme and Master's degree programme in Chemical and Bioengineering.

In the third year of the Bachelor's degree programme in Chemical Engineering, students acquire the knowledge in the engineering disciplines necessary for planning, developing and optimising industrial processes for the economic and ecological production of chemical products. The theoretical courses are supplemented by a practical course and case studies in which students deal thoroughly with aspects of planning, modelling and simulating chemical processes.

The Master's degree programme in Chemical and Bioengineering, which usually lasts for three semesters, includes compulsory lectures in the core subject areas of biochemical engineering, products and materials, process design, catalysis and separation, plus a range of electives. Case studies, project work or an industrial placement and a five-month Master's thesis project familiarise students with research work on current topics.

Bachelor's degree programme (180 credits)

General basic courses:

Chemistry, Physics, Biology, Mathematics, Computer Science, etc.

Further lectures:

Chemical Engineering subjects, Process Engineering, Business Administration

Laboratory courses, case studie

Bachelor-Studiengang «Chemieingenieurwissenschaften» – FS21/ HS21
Kreditpunkte nach Kategorien für Erteilung des Bachelor-Diploms

Kategorien gemäss Studienreglement (SR) 2018			Typ	Kreditpunkte		Prüfung		Noten-
Prüfungsfächer gemäss Studienreglement		Lerneinheiten gemäss VVZ		KP	S Kateg.	Modus	Dauer (h)	gewicht
Basisjahr								
Obligatorische Fächer				44				
Prüfungsblock								
Allgemeine Chemie I und II: Teil Anorganische Chemie	529-0011-02	Allgemeine Chemie I (AC)	2V+1U	3		s	2	3
	529-0012-02	Allgemeine Chemie II (AC)	3V+1U	4				
Allgemeine Chemie I und II: Teil Organische Chemie	529-0011-03	Allgemeine Chemie I (OC)	2V+1U	3		s	2	3
	529-0012-03	Allgemeine Chemie II (OC)	3V+1U	4				
Allgemeine Chemie I: Teil Physikalische Chemie und Physikalische Chemie I	529-0011-01	Allgemeine Chemie I (PC)	2V+1U	3		s	2	3
	529-0012-01	Physikalische Chemie I: Thermodynamik	3V+1U	4				
Physik I und II	402-0043-00	Physik I	3V+1U	4		s	3	3
	402-0044-00	Physik II	3V+1U	4				
Grundlagen der Mathematik I	401-0271-00	GL Mathematik I (Analysis A)	3V+2U	5		s	2	3
	401-0272-00	GL Mathematik I (Analysis B)	2V+1U	3				
Grundlagen der Mathematik II	401-0622-00	GL Mathematik II (Lineare Algebra und Statistik)	2V+1U	3		s	1.5	2
Informatik I	529-0001-00	Informatik I	2V+2U	4		s	2	2
Praktika				16				
	529-0011-04	Allgemeine Chemie	12P	8		gemäss definierter Vorgabe		
	529-0230-00	Anorganische und Organische Chemie I	12P	8		gemäss definierter Vorgabe		
Pflichtwahlfach GESS				2				
2. Studienjahr								
Obligatorische Fächer				37				
Prüfungsblock I								
Anorganische Chemie I und II	529-0121-00	Anorganische Chemie I	2V+1U	3		s	2	3
	529-0122-00	Inorganic Chemistry II	3 G	3				
Organische Chemie I und II	529-0221-00	Organische Chemie I	2V+1U	3		s	2	3
	529-0222-00	Organic Chemistry II	2V+1U	3				
Physikalische Chemie II und III	529-0422-00	Physikalische Chemie II: Chemische Reaktionskinetik	3V+1U	4		s	2	3
	529-0431-00	Physikalische Chemie III: Molekulare Quantenmechanik	4G	4				
Biologie	551-1323-00	Grundlagen der Biologie II: Biochemie und Molekularbiologie	4G	4		s	3	3
Analytische Chemie I und II	529-0051-00	Analytische Chemie I	3G	3		s	2	3
	529-0058-00	Analytische Chemie II	3G	3				
Mathematik III	401-0373-00	Mathematics III: Partial Differential Equations	2V+1U	4		s	2	2
Chemieingenieurwissenschaften	529-0625-00	Chemieingenieurwissenschaften	3G	3		s	1.5	2
Praktika				21				
	529-0129-00	Anorganische und Organische Chemie II	16P	11		gemäss definierter Vorgabe		
	529-0054-00	Physikalische und Analytische Chemie	15P	10		gemäss definierter Vorgabe		
Pflichtwahlfach GESS				2				
3. Studienjahr								
Obligatorische Fächer				47				
Prüfungsblock II: Thermodynamik und Transportphänomene (12 KP)								
Thermodynamik	529-0557-00	Chemical Engineering Thermodynamics	3G	4		s	2	3
Transportphänomene I	151-0917-00	Mass Transfer	2V+2U	4		s	2	3
Transportphänomene II	529-0636-00	Wärmetransport und Strömungslehre	4G	4		m	0.5	3
Prüfungsblock III: Reaktionstechnik und Modellierung (15 KP)								
Reaktionstechnik I	529-0632-00	Homogeneous Reaction Engineering	3G	4		m	0.5	3
Bioengineering	752-4001-00	Mikrobiologie	2V	2		s	1.5	3
Mathematische Methoden I	401-0675-00	Statistical and Numerical Methods for Chemical Engineers	2V+2U	3		m	0.3	3
Betriebswirtschaft	351-0778-00	Discovering Management	3G	3		s	1.5	3
Prüfungsblock IV: Heterogene Verfahrenstechnik (12KP)								3
Industrielle Chemie	529-0192-00	Industrial Chemistry	3G	4		m	0.5	3
Reaktionstechnik II	529-0633-00	Heterogeneous Reaction Engineering	3G	4		m	0.5	3
Verfahrenstechnik	151-0926-00	Separation Process Technology I	3G	4		m	0.5	3
Prüfungsblock V: Prozesstechnik (11 KP)								3
Regelungstechnik	529-0031-00	Regelungstechnik	3G	3		m	0.5	3
Mathematische Methoden II	151-0940-00	Modelling and Mathematical Methods in Process and Chemical Engineering	3G	4		m	0.5	3
Chemische Sicherheit	529-0580-00	Sicherheit, Umweltaspekte und Risikomanagement	3G	4		s	1.5	2
Praktika und Fallstudien				12				
	529-0639-01	Chemieingenieurwesen I	8P	6		gemäss definierter Vorgabe		
	529-0549-01	Case Studies in Process Design I	3A	3		gemäss definierter Vorgabe		
	529-0549-02	Case Studies in Process Design II	3A	3		gemäss definierter Vorgabe		
Pflichtwahlfach GESS				2		gemäss VVZ		
		Summe "Ist"		183				
		Summe Reglement		180				

Informationen über die Leistungskontrollen für Praktika, Fallstudien und GESS-Fächer: www.chab.ethz.ch/studium/bachelor/bscc-chemieingenieurwissenschaften.html

Frühjahrssemester

图书在版编目（CIP）数据

新时期高水平本科教育理念与实践探索／李曼丽等
著.-- 北京：社会科学文献出版社，2022.12（2023.9 重印）
（清华工程教育）
ISBN 978-7-5228-0583-2

Ⅰ.①新… Ⅱ.①李… Ⅲ.①高等教育-教育研究
Ⅳ.①G642.0

中国版本图书馆 CIP 数据核字（2022）第 154792 号

清华工程教育
新时期高水平本科教育理念与实践探索

著　者／李曼丽　吴　凡　苏　芃　詹逸思

出　版　人／冀祥德
责任编辑／范　迎
责任印制／王京美

出　　版／社会科学文献出版社·人文分社（010）59367215
　　　　　地址：北京市北三环中路甲 29 号院华龙大厦　邮编：100029
　　　　　网址：www.ssap.com.cn
发　　行／社会科学文献出版社（010）59367028
印　　装／北京虎彩文化传播有限公司

规　　格／开　本：787mm×1092mm　1/16
　　　　　印　张：15.25　字　数：220 千字
版　　次／2022 年 12 月第 1 版　2023 年 9 月第 2 次印刷
书　　号／ISBN 978-7-5228-0583-2
定　　价／138.00 元

读者服务电话：4008918866